台灣記憶系列（I） 國家圖書館藏老明信片選粹

世 紀 容 顏

（上）

百年前的台灣原住民圖像：
頭目、勇士及傳統工藝

 國家圖書館印行

《館長序》

在新世紀的開頭幾年，我常思考：國家圖書館在現代台灣社會中的定位、扮演的角色，以及未來發展的走向。我們努力的成果之一，即是在今年國家圖書館四月二十日的七十年館慶中，開始啟用「台灣記憶」、「台灣概覽」兩個資料庫。

在「台灣記憶」資料庫中，展示的是各種數位化的台灣文獻資料，諸如民國五十年代以後的電視新聞影像、二十世紀的老照片、日治時期的明信片，以及清代台灣各地的碑碣拓片等等。我們希望蒐集各種與台灣歷史有關的文字、影像及語音資料，進行整理與數位化，期盼台灣各地的在學學生與社會人士都能透過網路，不限時空，閱讀這些數位化的文獻資料。

除了網路傳佈之外，我們希望將館藏重要的文獻資料，如老明信片、古文書等，如有適合發行紙本刊物者，亦將編印成冊，既方便大眾閱覽，亦可以提供學者們作為研究資料之用。

準此，目前本館典藏日治時期明信片四千餘張，除了進行掃描、數位化之外，也根據不同主題，挑選相關的明信片，編輯成書，以廣流傳。

明信片並不是現代主流的出版品，現代人接觸到明信片的機會也不多，但在十九世紀末至二十世紀上半葉，卻是那個時代時髦的商品。明信片剛發行時，不過作為簡單信函的替代品，可是世界各地的人們卻很快地接納這種信件格式；發

展到二十世紀初，明信片的觀賞、收藏價值似已超過了它原先的書信功能，不僅在台灣、中國或日本流行，在歐美各地也都出現了明信片的發行熱潮。

　　本館典藏的老明信片即是上述世界性發行熱潮中的產品，在明信片的發行史上極具意義。

　　對台灣而言，館藏明信片上的圖像，來源雖多，但攝製的年代卻集中於1900至1940年間。撫視一張張的圖片，反映的是當時台灣在政治、經濟、產業、文化等各個層面的發展，紀錄了台灣島及台灣人民在上一世紀初期的物質與文化變遷，雖然這些圖片大部份都是日本人拍攝、日本人印製；換言之，這些可能都是殖民者留下來的資料，但對二十一世紀的台灣人而言，這些影像資料卻是屬於台灣人共有的集體歷史記憶，十分珍貴。

　　本書的編製由本館特藏組負責承辦，圖片的揀選、編排及文字的撰寫由陳宗仁編輯負責。附誌於此，並盼各界不吝賜正。

國家圖書館 館長 莊芳榮

中華民國九十二年十二月

《目次》

老明信片的故事◎陳宗仁撰（國家圖書館特藏組編輯）

對現代台灣人來說，明信片幾乎是快被遺忘了的書信工具，大概只有出國旅遊的觀光客或是明信片的收藏迷還能惦記著明信片。明信片是近代社會的產品，便捷的信息往來媒介，但若加上圖像，便成為趣味盎然的觀賞品。

明信片的起源

明信片誕生於十九世紀的歐洲，世界上最早的明信片出現在1869年的奧地利（奧匈帝國），由於價廉、便利，很快地風行歐美各國，甚至隔了幾年也傳到亞洲來，1873年日本發行最早的「官製葉書（即明信片）」，1874年上海的「工部局書信館」也印製明信片，工部局（Shanghai Municipal Council）是上海公共租界的管理單位，形同市政府，由洋人所辦，當時工部局書信館的明信片每張售價二十錢；1879年香港也首度發行明信片。因此，1870年代中國、日本已有明信片流通。

最初，明信片只能在各國內部使用，1878年第二屆萬國郵政聯盟（Union Postale Universelle）大會在巴黎召開，會中協議國與國之間可以使用明信片，使得明信片更為風行，隔年日本亦發行所謂的「國際郵便葉書」。

早期明信片只有列印簡單的線條、花紋與說明文字，到了1880年代才有附加圖像的明信片，其中一面留白，可以書寫收信人姓名、地址，另一面則是圖像。

同一時期，1885年萬國郵聯同意私人印製的明信片亦可作為信件使用，商人為求明信片的暢銷，配合當時攝影技術的發展，為明信片加上各類的圖像，內容廣泛，風土民情、人物肖像、現代建築、美術作品均成為明信片的題材，十九世紀末，這類圖像明信片也流行於中國，到了二十世紀上半葉，則是圖像明信片（picture postcard）的黃金年代。

對現代人來說，什麼時代以前的明信片才稱得上是「老」明信片，似乎頗難定義，由於國家圖書館目前收藏的這批明信片均屬日治時期，因此，本文所謂的老明信片即指此而言，亦即1945年以前，在日本、台灣出版的有關台灣的明信片，而此一時期的台灣老明信片，就全球的明信片發行史來說，正處於明信片在世界各地最盛行的年代。

明信片是西洋產物，英文稱postcard，法文、德文或西班牙文的稱呼法均類似，即由post（郵寄）與card（卡片）兩字合成，日本稱為「郵便葉書」，簡稱「葉書」，由郵政省發行者，又稱「官製葉書」；加印繪畫或相片者，稱「繪葉書」。一般明信片多為單片，另有「往復葉書」，即兩張明信片，收信人收到明信片後，再將其中一片寄給發信人，等於是回條之意。

Postcard一字中文譯為「明信片」，但近年來漸有人寫作「名」信片，溯其詞源，仍以「明」信片為宜。因為早在1896年清朝官方籌辦「大清郵政官局」，當時信件種類即有「封口信」與「明信片」之別，明信片之「明」似是相對於「封口」而言。

台灣的明信片小史

　　台灣什麼時候開始有明信片？1860年開港以後，西方的商人、傳教士及外交人員均在台居住、活動，也許他們已從國外攜入明信片。

　　台灣最早的現代郵政可以追溯至1888年（光緒14），當時福建台灣巡撫劉銘傳仿照西洋郵政辦法，在台北府城設立「郵政總局」，當時信件係以重量、途程遠近計價，似乎尚未發行明信片；1895年台灣民主國時期，安平海關麥嘉林（C.A. McAllum）印製甚多的獨虎郵票，唯未見明信片。

　　從1895年開始，台灣由日本統轄，故台灣的明信片轉屬日本郵政系統，其發行、格式、稱謂均受日本影響。

　　自1873年以來，日本已發行「官製葉書」，故1895年以後，台灣應有日本官方發行的明信片流通，至於私人製作的明信片尚不允許使用；雖然1885萬國郵聯已同意私人發行明信片，但日本遲至1899年才同意私人製的明信片可以寄往外國，隔年則頒布「私製葉書」的製作規定，開放民間製造，此時日本已佔台四年，故台灣最早的私人製明信片應在1900年以後才有。另外，郵便法在1900年閏八月八日才施行於台灣，故在1900年以前，台灣即使有人使用明信片，亦應是日本印製，由日本人帶來台灣使用，但數量可能不多。

　　1902年日本發行最早的「繪葉書」，即「萬國郵便連合加盟二十五年紀念」，一套六枚，其後幾年，日本的「繪葉書」極為流行，如1904-05年間日俄戰爭爆發，日本遞信省發行以此戰爭為主題的圖像明信片，前後八系列、四十七種，引發民眾購買熱潮，每逢發行日前，徹夜排隊，等候購買。此後，日本官方、民間習於發行各種紀念明信片集，明信片迷亦在各地發起交換明信片的聚會，台灣作為日本的殖民地，亦受此風潮影響。

　　1905年（明治38），台灣出現一場明信片的交換會，地點是在台北的丸中溫泉，可見日本的明信片熱傳到台灣。當年台灣總督府亦首度發行所謂的「紀念繪葉書」（見圖一），紀念所謂的始政十週年（從1895年六月至1905年，日本在台統治已屆十年），其後每逢所謂的始政紀念日，台灣總督府會發行所謂的紀念繪葉書，另外，遇到一些重要事件，如1923年日本皇太子來到台灣，亦有紀念繪葉書。

　　明信片按書寫格式有直式、橫式兩種，日治時期多屬橫式。發行數又有單片、雙片（即收件人可再寄回其中一片）的不同，甚至有連片的形式（見圖二）。至於郵資，有直接將郵票印上明信片，大部分的明信片未附郵資，須另外購買。

圖一
台灣總督府始政十週年紀念明信片之一，圖中為台灣原住民。

圖二
台北生蕃屋發行的雙連片「高雄港全景」，此片係手工上彩。

就發行者而言,有官方發行,如台灣總督府,各級單位(如鐵道部、高雄市役所)、員工互助會等;有社會團體,如日本旅行協會台灣支部、日本葉書俱樂部等。私人多為書店、出版社發行,如台北的新高堂、生蕃屋、赤岡兄弟商會,高雄有南里商店等,甚至如台北的菊元百貨亦發行明信片。

日治時期的明信片,依其圖像粗細不同,可分為三類,影像最細緻者,屬照片製成的明信片,此類數量不多。其次則是用珂羅版印刷的明信片,此種卡片因未使用網版,圖像較細緻,但難以大量生產,大正時期漸為平版印刷取代,平版印刷的明信片,放大後可見明顯的顆粒。

至於色彩方面,初期為黑白影像,後來使用植物與礦物染料,手工彩繪,此類明信片別有風味。1910年代開始有彩色明信片,初期的多色印刷並不如現今之分色製版,而是印刷過程中著色,色彩不自然,到了1930年代,彩色印刷才盛行。

當時明信片圖像來源主要有三類:

1.取自照片:如使用森丑之助等人類學者拍攝的原住民照片。

2.取自名家手繪風景,如吉田初三郎繪製的台灣各地鳥瞰圖、矢崎千代二(見圖三)、立石鐵臣、石川寅治等繪畫的台灣風景,甚至台灣美術展覽會的作品亦製成明信片。

3.取自官方海報:如呼籲增產、「貯蓄三億圓」等海報,或博覽會的宣傳海報。

圖像明信片的發行到了1930年代開始走下坡,可能與照片的普及有關,由於印刷術的發達,新聞、雜誌與書籍日益大眾化,甚至電影亦漸受重視,一般人比以前更容易接觸到照片、影像,使得圖像明信片發行盛況不再,銷售量下跌。

社會與攝影的對話

歷史上的每一個時代都會有那個時期的藝術表現形式,反映了當時的政經氣氛、哲學思想或是集體的審美情趣,二十世紀初期風行於台灣的明信片即是一很好的例子。

明信片是非常平民化的藝術,大量生產,任何人都可以廉價購得,很容易吸引人們的收藏,當時明信片的主題非常多樣,如名勝、美人、人物、建物、災害、事件紀念、動物、植物、藝術作品、風俗民情,容易引人注意、欣賞。

明信片的流行其實是受益於攝影技術的發展。攝影誕生於十九世紀的歐洲,1840年代此項技術隨著歐洲人傳到東方,洋人紛紛在亞洲主要商埠設立相館,賣相片賺錢。十九世紀下半葉照相技術日益進步,到了二十世紀初,攝影已能表現出較豐富的社會內容。

相片容易被人閱讀、理解,進而接受,對於攝影者來說,這是一個抒發個人感情,表達對藝術、人生或是政治問題的手法,對閱覽者來說,圖片是那麼真實、可信;對於統治者而言,則是喚

圖三
矢崎千代二的作品「台灣農家」

矢崎千代二的作品「台北龍山寺」

醒公眾覺悟或者是文宣洗腦的工具，換言之，不管使用者的目的是什麼，攝影使得大眾傳播變得非常便利。

1895年日本佔領台灣後，日本人對新領地台灣產生極大的興趣，為了統治台灣，新設立的台灣總督府固然設立各種機構，對台灣的風俗、民情進行調查，除了文字資料外，亦留存甚多攝影照片，這些照片或是存檔，或是刊於官方出版品，當然有些變成明信片上的圖片。

同一時期，日本學者亦受政府委託，或出於研究興趣，先後來台調查，如伊能嘉矩、鳥居龍藏、森丑之助等人，均留下甚多文字與圖像記錄；日本商人亦視攝影為時髦商品，來台開寫真館，在台拍攝照片賣錢，這些照片亦會製成明信片出售營利。

大約在二十世紀前三、四十年，台灣官方與民間基於各種不同目的，競相發行明信片。但是，從另一個角度看，也與當時台灣人與日本人樂於購買明信片有關。

當時的攝影技術雖較上一世紀成熟，但仍不普遍，當時人買明信片，與其說是為了通信，不如說是為了明信片上的圖片。對日本人來說，台灣是個新奇的領土，島上的南國風光令日本人感到好奇，來台工作或遊歷的日本人可以買些明信片寄給家鄉的親朋好友，作為紀念。而對台灣人來說，明信片同樣是時髦的商品，加上當時旅遊的風氣並不普遍，明信片上的都市建築或是原住民的人像、服飾，同樣引人注目。人們不再仰賴道聽途說，而是可以依靠影像見到寫實的景物。

古今之變

目前國家圖書館典藏的日治時期明信片總數約有四千餘張，內容極為多樣，有台灣漢人、原住民的人像照、傳統的風俗習慣、清末舊街，也有二十世紀的新式街道、歐式建築，或是巨大的客輪，各地的博覽會等，反映了二十世紀上半葉的台灣風貌，不過內容雖多，卻大致圍繞著兩個主題：日本人眼中的奇風異俗與殖民地建設成果的宣揚。

現代人要以怎樣的心情欣賞這些老舊明信片，也許有人喜歡這些明信片圖像中特有的美感，一種消逝的、不復見的情懷，但又好像與兒時記憶有些糾葛；有些人特別喜愛使用過的老明信片，數十年前的某人在明信片留下一些私人訊息，讓後代的人們有種窺探當年生活的樂趣；又或者有些人是為了學術的目的，想在老明信片的圖像中找到蛛絲馬跡，探索無言的前塵舊事。

影像中的那個時代已經過去了，整個時空環境早已改變了。明信片是種無名的藝術，是某個時代、某個區域人們的集體趣味，它們曾經是某個個人的私有物，但它們的風格是屬於那個時代。置身於二十一世紀的我們，撫視著泛黃的老明信片，是否會想在一張張的影像間拼湊出上一世紀的風華容顏。

用影像解讀歷史，用歷史解讀影像，老明信片留待讀者們的品味與觀賞。

影像中的台灣原住民 ◎陳宗仁撰 （國家圖書館特藏組編輯）

我們與台灣原住民的關係可以說是既親近又陌生。在我們生活周遭，從學校的同學到辦公室的同事，可能都有一、兩位是原住民；與我們朝夕相處，我們往往不會意識到他們的原住民身份，或許彼此並不覺得這樣的身份有什麼值得重視，但如果有機會接觸到台灣原住民的歷史文物時，我們可能會很驚訝的發現，原來這是多麼特殊的族群。

台灣的原住民屬於所謂的「南島語族」，他們在地球上分布的範圍非常廣，橫跨兩大洋——太平洋與印度洋。他們是擅長航海的族群，居住在沿海的地域或海中島嶼，當然也包括台灣島，語言學者認為他們的語言有某種類似性，似乎有著共同的祖源，遂稱之為「南島民族」。

台灣島上的原住民族群雖多，其語言仍屬南島語系，只是定居在台灣或移民來台的時間並不一致，有些族群在台灣居住的歷史可能有數千年以上，如泰雅族（見圖一）；有些一、二千年前或數百年前才來到台灣，如阿美族、達悟族（雅美族）。

圖一　台灣的原住民「南島民族」

南島語族在台灣已有數千年以上的居住歷史，他們的聚落早已遍布全島各地，從海岸、平原，到丘陵、高山，都有著大大小小的原住民社群生養其中，有些村社只有數十人或上百人，多者可達千人以上。

由於原住民自身沒有文字記載的傳統，近代又受到外來文化的衝擊，我們如果想了解台灣原住民的傳統生活樣貌，現在只能根據考古發掘、外人的文字描述以及歷史圖像。

外人眼中的原住民歷史

據考古學者說，台灣島最早有人類居住，大約可以追溯至三至五萬年前，這些人被認為是舊石器時代晚期的人類，但至今僅殘留些許骸骨，我們很難推想這些台灣早期住民的面貌或生活情形。

距今六、七千年前，台灣海岸出現一些新石器時代的人類，留存一些遺址，學者稱之為「大坌坑文化」，這些遺址的主人可能屬於「南島語族」，也是目前台灣部份原住民的古老祖先。

他們在台灣居住了幾千年，直到十六、七世紀之際，台灣的原住民面臨了前所未有的巨大挑戰，強勢的族群在此時紛紛來到台灣島，這些外來者有的來自中國、日本，更遠的來自歐洲的西班牙與荷蘭，這些族群先後帶來新的物質文化與思惟方式，例如：使用火槍與大炮作戰、使用金屬貨幣交易、向被統治者收稅、新的文字書寫、新的神明與信仰　，這些外來人同時也用文字描述他們眼中的台灣原住民。

1582年有艘葡萄牙船在台灣北部海岸觸礁，船上的商人、傳教士棄船上岸，遇見了台灣原住民，據記載，有大約二十名住民接近他們，這些人赤裸上身，腰際僅圍著一條布，頭髮披散及耳，部份人的頭上插著白色的東西，像頂皇冠。這些原住民帶著弓及長鋒刃的箭，不發一語，開始撿拾漂上岸的布料。（見圖二）十七世紀初中國的文獻《東西洋考》對台灣北部的原住民，有著生動的記載：淡水的原住民較貧窮，賣東西的價錢較平實，雞籠的原住民較富有，卻慳吝，東西賣出後，隔天還會吵著買主再多給些錢。

同一時期，有位中國文人曾隨明朝水師來台，他見到外來商人在台活躍的情形，憂慮地寫道，原住民「自通中國，頗有悅好，姦人又以濫惡之物欺之，彼亦漸悟，恐淳朴日散矣。」

除了商人之外，外來政治勢力亦先後進入台灣，1620年代以後，先是荷蘭東印度公司佔領台灣南部，西班牙人接著佔領雞籠、淡水，1660年代鄭成功帶兵來台，取代荷蘭人的統治，1680年代清朝將台灣收入版圖。政權幾度變化，文獻對原住民的記載越來越清晰，但原住民面臨的挑戰也越來越大。

十八世紀中國人大量移民來台，對台灣原住民的認識逐漸加深，將各地原住民區分為不同的社，據原住民的自稱或居住地點，賦與社名，如北投社、大雞籠社、新港社；同時，又根據原住民是否歸降清朝，區分為熟番(土番)、歸化生番、生番(野番)，另外亦以居住地的不同，分別稱之為平埔番或高山番，意思是住在平地或山地的原住民。

從十八世紀以後，有關原住民的文字資料很多，特別是漢人與原住民的土地買賣契約、漢人對原住民生活的描寫，以及官方有關原住民的統治與報告，但由於平地原住民與漢人混居，衣著、語言均學漢人，文化逐步流失、消逝，只有漢人眼中的「生番」——山區與東部台灣的原住民，因為與外界的接觸較少，尚能保有族群的傳統文化。

現代化與殖民地化

十九世紀中葉以後，所謂的「生番」亦面臨新的挑戰，清朝官方為了開發山地的資源以及將原住民納入統治，施行所謂的「開山撫番政策」，軍隊進入山區，開築山道，與原住民戰爭，部份山區原住民被迫歸降，進而薙髮、易服，接受漢文化的教育。

1895年日本佔領台灣，日本人最初忙於與平地漢人的戰爭，1902年以後，平地的局勢較為安定，逐漸重視所謂「蕃地」問題，尤其是蕃地的開發，如伐木、採礦及煉製樟腦，以增進台灣總督府的收益，而「蕃人」，特別是「生番」，被認定是日本開發山地的障礙。1907年台灣總督府展開大規模的「理蕃」五年計畫，動用現代化的軍隊，拖著山砲，進入山區作戰，在剿撫並施的策略下，獨自生存數千年的台灣原住民社群逐漸歸順。

禮貌せるアイ族男女　Manners of the savages, Formosa.

圖二
這是台灣東部阿美族青年在成年禮的服飾，圖中男子亦是頭戴白色羽冠，上身赤裸。

台灣的山區開始出現日本軍人、警察及官僚，伴隨這些人的是軍營、分駐所、學校、交易所等新式建築，散布於台灣山區，台灣全島已成為日本帝國殖民統治的一部份。原住民開始學習日語、穿和服，小孩上新式學校，原住民社會邁向現代化與殖民地化，代價是傳統文化的變異(見圖三)。

受到西方人類學影響的日本學者，如鳥居龍藏、伊能嘉矩、森丑之助等人，亦對台灣原住民感到興趣，他們受官方或學術機構的委託，進入台灣山區，對各地原住民進行調查，他們使用人類學的分類方式，按體質、文化、語言等異同，將所謂的「高山番」原住民區分為七族，後來台北帝大土俗人種學研究室的移川子之藏等學者又提出九族的分類方式，即現代人習稱的「泰雅、布農、排灣、鄒、賽夏、魯凱、卑南、阿美、雅美(達悟)」等族。

九族的分類原本只是學者的看法，但統治者亦接受這些分類與族稱，沿用至今，已成為一般人對原住民的稱呼習慣，甚至連台灣原住民自身亦認同這樣的族名，當然也有原住民不接受這樣的稱呼，如台灣東部的泰雅族人認為自己是「太魯閣族」、蘭嶼的原住民主張自己是「達悟族」。

以現代人的角度來看，認為台灣原住民分成「高山族」、「平埔族」，這樣的看法是不正確的，不論是高山或平地的各族，彼此間是不相同的。至於泰雅族或布農族等族稱，雖然是通用百年的稱呼習慣，但在過去的數千年來，台灣原住民是生活在自己的社群中，主要的群體認同亦限於其村社，而非廣泛地認同「泰雅族」、「排灣族」之類的概念。

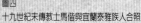

圖三
身著和服的泰雅族紋面少女，
傳統與外來的文化在柔和的圖像中，
形成強烈對比

影像中的台灣原住民

二十世紀初期，日本人的統治迫使台灣原住民從傳統進入現代，在這個過渡的時刻，原住民在殖民者的鏡頭前，留下了他們的影像，亦即本書中的原住民圖像即出現於此一時期。

自十七世紀以來，外人對原住民的描述，一直是停留於文字書寫。十九世紀中葉，台灣幾個主要港口開放為通商口岸，西方的商人、外交人員及傳教士來台工作，西方文化也隨之傳入台灣，其中包括當時還在發展中的攝影技術，使得對原住民的記載，出現了影像資料。

十九世紀的西方攝影師們受到異民族的風土民情所吸引，在各地留下一張張的照片，台灣的原住民自然也成為他們拍攝的素材(圖四)，不過當時攝影器材相當笨重，政府的統治力量尚未進入深山，因此，有關原住民的影像多半與平埔族群有關。

到了十九世紀末，日本人佔領台灣後，為了「理蕃」，台灣總督府主導各種調查計畫，留下很多的文字記錄與影像資料，使得有關台灣原住民的記載，不再停留於文字的描述，開始有了形象化的圖像。

這些原住民圖像很快地透過各種出版形式，如書籍、寫真帖、明信片等，流傳到社會大眾，由於銷路良好，使得出版商人亦樂於發行與原住民有關的出版物，特別是原住民圖像的明信片。

圖四
十九世紀末傳教士馬偕與宜蘭泰雅族人合照

　　當時的商人為了利潤而生產這些明信片，一般人由於對原住民感到陌生和新奇，加上明信片價格低廉，而購藏這些明信片，買賣雙方大概都沒有料想到，在台灣原住民文化面臨大轉變的關鍵時刻，他們販賣或購買的這些日治時期明信片上，正留存著的原住民們的圖像，珍貴而具體地保留了二十世紀初期原住民的情貌。在這些明信片上，我們見到穿著雲豹皮外衣的頭目影像、見到頭骨架子上數十個風吹日曬的人頭骨；此外，還有更多的影像有關他們的狩獵、農耕、建築、服飾、飲宴、舞蹈及樂器等，這些均鮮明的展現在二十一世紀的我們眼前。

　　國家圖書館收藏的日治時期明信片中，約有八百餘張印製著原住民的圖像，可分為以下類別：番人家族、汲水、狩獵、武裝勇士、殖民統治、黥面與拔牙、飲酒、舞蹈、飲食、獨木舟、頭目、製陶、農耕、獵首、樂器、搗米、織布與縫紉、搬運、建築、服裝。

　　為求廣為流傳這些珍貴的圖像，本館從八百餘張的老明信片中，挑選四百餘張，分成兩冊出版，本冊明信片二百二十九張，內容可區分為三大類：統治、武裝勇士及工藝，大多是與原住民男子有關的圖片。

　　1.統治類：本類明信片共七十一張，又可分為兩個子類，一是原住民傳統中的頭目，包含了九族中的大小頭目，另一子類是日本殖民者對原住民的統治，包括軍隊的出征、隘勇線的建立、原住民兒裡教育、原住民頭目到日本參訪等內容。

　　2.武裝勇士類：本類明信片六十三張，細分為三個子類，分別是武裝勇士的裝扮、出獵與捕魚的情形、以及與獵首有關的圖像。

　　3.建築與交通類：九十五張，分為三個子類，一是舟船，主要是達悟族的拼板船與日月潭邵族的獨木舟。一是搬運類，主要是原住民的背籃，這是他們常用的搬運工具，另一類是建築，包含住家、穀倉、會所、瞭望台等建築。

　　十九世紀中葉以來，台灣山區及東部台灣的原住民面臨國家權力的衝擊，軍人、官僚、商人、學者紛紛進入原住民區域，近百餘年來，此一趨勢有增無減，原住民的傳統文化亦快速變異。

　　本書影像中的原住民，是日本人統治台灣初期，仍明顯保留其語言、文化的原住民，但這些圖像並不純然是客觀真實的反映，圖像的背後，展現的是日本人（異族）或攝影者（他人）所感興趣的主題，涉及他們對原住民的看法及意識形態。只是這些殖民者留下的影像紀錄，對於生活在後殖民時代的我們來說，具有怎樣的意義？

　　我們持續表達對帝國主義暴行的抗議，反對任何形式的殖民的統治，但在慷慨激昂的民族情緒之外，也不妨平心靜氣地瀏覽這些殖民者、外來者留下的影像資料。即使拍攝時的觀點有偏頗，編印時的選擇有特殊意圖，但畢竟，百年之後，這些是我們先人僅存的珍貴圖像，也是當代人重構自身族群記憶的依據。

傳統頭目與日本統治

一、部落中的頭目

台灣原住民分成很多社群，各社都有領導人，這些領導人的稱謂各自不同，在本書中統稱之為頭目。一般人常把原住民的頭目想像成獨裁的統治者，擁有很大的權威，但事實上，台灣各地原住民頭目的權威大小，相差很多，甚至像台東的達悟族並無頭目，僅有家族中的長老是意見領袖。

台灣歷史上出現過一些有名的頭目，如十七世紀台灣中部有一位大肚番王，這個人叫Quata，統轄台中地區數十個部落，荷蘭人與明鄭的文獻都曾提到他。十八世紀時，台東有「卑南覓大土官文結」，十九世紀時，台灣南部恆春又有十八社總頭目卓杞篤(Toketoku)，這些都是台灣某一區域的大頭目。

不過台灣一直沒有出現統一全台的總頭目，十七世紀初的中國文獻——陳第〈東番記〉記載台灣的原住民是「無酋長，子女多者眾雄之，聽其號令。」郁永河的《裨海紀遊》亦謂原住民社群、人口大小不同，但他們「皆推一二人為土官。其居室、飲食、力作，皆與眾等，無一毫加於眾番」。換言之，台灣有些地方的頭目不僅權力不大，甚至還要自己耕作，與一般人無異，而頭目的產生亦視某個人力量的大小，由眾人推舉，不能世襲。

台灣南部地區的頭目則較具權威，如排灣族、魯凱族的頭目身份是世襲，也是天生的地主，族人必須將耕作所得的十分之三供納給頭目，如果獵得野獸，還要獻上獵物的一條後腿。1898年日本人類學者鳥居龍藏、森丑之助到恆春調查時，他們寫道：「當我們分別由大股頭人及二股頭人陪同巡視時，受到了各蕃社大、小頭目最高的禮遇」，似乎透露出頭目在恆春地區的威望。

十七世紀以後，外來統治者會在歸順的社群中，選拔頭目，如荷蘭時代任命某些人為長老，賜與荷蘭東印度公司的權杖，象徵統治者的權力，清代官方也會任命所謂的「土目」、「土官」，一直到日治時期亦然，台灣總督府在各社群設立頭目、副頭目等職稱，每個月還有津貼可領。

這些外來統治者任命頭目時，通常會依照原住民各社的習慣，任命村社中的領導人為頭目，所以村社頭目與外來統治者之間還勉強能維持和諧，不過長期來看，國家的力量一直在原住民部落間擴張，目前台灣一些原住民聚落仍有頭目，但其權威已大不如前。

本書在頭目類中共選用三十三張與頭目、日本統治有關的明信片圖像，除了一張平埔族群的道卡斯族頭目外，其餘包含了卑南、魯凱、賽夏等族的頭目。

泰雅族Haga社頭目

Haga社在今新竹縣尖石鄉秀巒村，又稱 Kinlowan 社。泰雅族的習俗，一個社通常有一位頭目，有些是世襲產生，有些則是由社內推舉，理想的頭目需具備勇武、公平、聰慧等品性。

本張明信片約於1920年代，在日本東京印製，台北「新高堂」發行。

藏品編號：4206

宜蘭泰雅族頭目
本張約於1910年代，「森脇日進堂」發行。
藏品編號：4537

泰雅族頭目Karauhatan
本張約於1910年代發行，在日本東京印製。
藏品編號：4724

盛裝的宜蘭泰雅族頭目
本張約於1920年代，在日
本印製，台北「山一」發
行。

藏品編號：4168

34　Savage of Formosa.　（臺灣）南投廳ヨリ木社蕃人頭目夫婦

南投泰雅族Hori社
頭目夫婦
本張約於1910年代發行。
藏品編號：4558

賽夏族盛裝的頭目 Taro Yomaw 與武裝的老人

圖片右側係賽夏族大隘社頭目Taro Yomaw，生於1871年，卒於1952年，拍攝此照片時，年約四十歲。據說當時已有十五次出草的經驗，故胸前先後刺上六條紋，以表彰戰功。Taro 屬於賽夏族Tautauwazai氏族，此氏族之漢姓為豆或趙，故Taro漢名為趙明政，在日治時期則稱為伊波幸太郎。

本張約於1910年代，在日本印製，「鈴木勇進堂」發行。

藏品編號：4176

賽夏族大隘社頭目Taro Yomaw及其親人

這是Taro Yomaw年老後的照片，Taro娶泰雅族十八兒社Maya Nokan為妻，右側為Pi-Tai，是泰雅族十八兒社頭目Baay-Bisu的妹妹，亦嫁至大隘社。本張約於1920年代發行。

藏品編號：4571

道卡斯族頭目

明信片標題寫為泰雅族 Gaogan 群頭目，但據學者研究，
係道卡族新港社頭目劉登春在1901年到台北時所攝，新港
社位在今苗栗縣後龍鎮。本張為台北春香寫真館所攝，約
於1910年代製成明信片，由「山田日進堂」發行。

藏品編號：4460

（行發堂進日田山）CUSTOMS OF SAVAGE TRIBE. 目頭人蕃（ンガヲガ）灣臺

日月潭世力者
頭目の家族及酋長の家族

邵族頭目家族
本張約於1920年代發行。
藏品編號：4656

日月潭水社及頭目の家族

邵族頭目家族
本張約於1920年代發行。

藏品編號：4655

日頭家族及社長の家族 日月潭社力者

邵族頭目家族
此圖與左圖應是攝影者在同一場景先後拍
攝的圖像，故人物相同，姿態略異。本張
約於1920年代發行。

藏品編號：4309

布農族頭目夫婦
本張約於1920年代發行。
藏品編號：4585

（タイヤル族）　内本鹿頭目
（臺東小野寫真館發行）

台東布農族內本鹿頭目

日治時期，內本鹿地區的布農族人被台灣總督府移至今台東縣延平鄉，著名的紅葉少棒隊即來自此一部落後裔。本張約於1930年代，台東「小野寫真館」發行。

藏品編號：4224

長筒の人蕃灣臺
Taiwan

鄒族頭目

右圖係1914年12月森丑之助所拍，唯其解說僅表示這是鄒族的男性，
左圖係1910年中井宗三所拍，其解說表明這是鄒族魯富都群的男性。
魯富都群現居於南投縣信義鄉羅娜、久美一帶，漸與布農族同化。本
張約於1920年代發行，在日本印製。

藏品編號：4751

穿著正式服裝的鄒族頭目
本張約於1930年代，台北「生蕃屋商店」發行。
藏品編號：4481

排灣族頭目
原題寫作鄒族頭目，唯依其服飾，應為排灣族恆春地區之頭目。本張約於1920年代發行。
藏品編號：4498

教育所兒童ノ唱歌
遊戲卜頭目蕃丁ノ正裝

DAINAN. TAITO　　台灣台東大南社

台東魯凱族大南社頭目

原圖說明：「在教育所唱歌、遊戲的兒童與頭目、番丁的正式服裝」，大南社在今台東縣卑南鄉。本張約於1930年代發行。

藏品編號：4245

魯凱族頭目

這是頭目的日常服裝，上身是短棉布衣，有刺繡。身披肩章，其形式與排灣族類似，腰部左側配有短刀，長度較排灣族、卑南族短。本張約於1920年代，台北「赤岡商會」發行。

藏品編號：4792

排灣族來義社頭目的住家

原圖說明：「屋簷下的種種雕刻是用來表示番人間的階級」

此圖是1904年10月森丑之助所拍，圖中石板屋簷下有一橫樑，刻有人體、人面圖案，顯示係頭目的家，前方有三人蹲踞，最右側著豹皮外衣者為丹林（Tanashiu）社頭目，中間可能是來義社頭目，這兩社在今屏東縣來義鄉。本張約於1920年代，台北「生蕃屋本店」發行。

藏品編號：4160

21　(臺湾) パイワン族ノ野頭目ノ住家
Dwelling of the chief savage of Raisha, Paiwan tribe, Formosa.
軒下に種々の彫刻がしてありますこれで番人間の階級を表して居るのださうです

(屏東恆春里南)　蕃生春恒灣臺

恆春排灣族頭目

本張約於1920年代，Seiundo Printing Co.印製，「南里商店」發行。

藏品編號：4288

（南里商店發行）　恆春ノ盛裝

恆春排灣族頭目
本張約於1920年代，Seiundo
Printing Co.印製，「南里商
店」發行。
藏品編號：4285

（森脇日進堂發行）CUSTOMS OF SAVAGE TRIBE　臺灣阿緱蕃人ノ風俗

排灣族頭目夫婦
本張約於1910年代，
「森脇日進堂」發行。
藏品編號：4500

No. 210　CHIEFS OF PAIWAN TRIBE IN THEIR FULL DRESS
盛装したパイワシの頭目　彼等の自ら獲た戦の皮 牙など
を誇らしけに着けた彼等の盛装

盛裝的排灣族頭目
原圖說明：「穿著誇耀
他們自己捕獲的獸皮、
獸牙等等為裝飾的盛
裝」。本張約於1930年
代，台北「生蕃屋本店」
發行。

藏品編號：4527

聚集在頭目面前的排灣族原住民們
原圖說明：「只要頭目一說『各位』，所有人都會聚集，等著聽頭目說話」。
此圖係排灣族Kulalau（古樓）社頭目召集族人的場景，地點是在頭目家屋前的廣場，族人蹲踞在地上，左側石板臺上即為頭目。Kulalau社在今屏東縣來義鄉古樓村。本張約於1920年代，台北「生蕃屋本店」發行。
藏品編號：4600

排灣族排灣社頭目Nishichi
本圖係1897年4月森丑之助所拍，據說此社Kapiyan社是排灣族最古老的兩個村社。排灣社位在今屏東縣瑪家鄉排灣村，Kapiyan社在今屏東縣泰武鄉佳平村。圖右側板岩上有兩個洞，是收藏首級的地方。
本張約於1910年代，在日本印製，「鈴木勇進堂」發行。
藏品編號：4275

【複製許不】（二七）
シルユチ人頭股二社文外ウヤニパーロ人頭股大社文內廳綠阿灣臺

排灣族恆春上群內文社大股頭人Ro-paniyau與內文社二股頭人Churun

森丑之助記載，他與鳥居龍藏兩人到恆春上群十八社訪問，曾由二股頭人Bralyan Cholon陪同，此二股頭人應即此圖之churun，恆春上群指的是恆春半島以排灣族內文（Caqovgovolj）社為首的社群。本張約於1910年代發行，在日本印製。

藏品編號：4532

排灣族頭目

本張約於1920年代，高雄市「山形屋」發行。
藏品編號：4497

（行發屋形山市雄高）　　目頭の蕃生灣台　（一十九）

(32) 倉穀ト居住ノ目頭社ンモイテンサ蕃クマモボ （灣臺）

排灣族三地門社頭目家族

本圖係1905年6月森丑之助所拍，他對這一頭目的穿著，曾有如下的解說：頭戴此族正式的帽子，由鞣皮製成，以豹牙與貝殼裝飾帽徽，並附有雉尾羽毛。此一帽徽不僅是勇士的象徵，也是頭目所使用。上衣有精緻的刺繡，斜披縫上銀圓的帶子，再披上方形的布，是此族的禮服。圖中右側茅草小屋是穀倉，左側板岩屋是住家。三地門社在今屏東縣三地門鄉。本張約於1930年代發行，在日本印製。

藏品編號：4575

排灣族Tanashiu社頭目

右圖係1905年5月森丑之助所拍，據其解說：頭戴豹尾做成的帽子，上身加上豹皮製的外衣，這些服飾具有勇者的象徵意義，限於頭目家族與傑出的勇士才能使用，Tanashiu社在今屏東縣來義鄉丹林村。左圖是1909年5月森丑之助所拍，是排灣族Raval群大社少女。Raval大社在今屏東縣三地門鄉大社村。本張約於1930年代發行，在日本印製。

藏品編號：4517

(38) 妻夫目頭社ウシナタ蕃パウパパ （灣臺）

卑南族頭目
本張約於1910年代發行。
藏品編號：4484

(19) Savages of Formosa.　生蕃頭目　（臺灣）

104（行發堂進勇木鈴）　目頭大ハ左　目頭惣ハ右　社大クロツト港蓮花（灣台）

右邊是Truku大社總
頭目，左邊是大頭目
本圖人物依其服飾似為
卑南族人。約於1930年
代，在日本印製，「鈴
木勇進堂」發行。

藏品編號：4227

（臺東街林流店發行）　　臺東廳馬蘭社頭目ミ家族

台東阿美族馬蘭社頭目及其家族

此照片最顯目處，應是圖中的日本國旗，攝影者似乎想表達此一原住民頭目已接受日本的統治。已過世的原住民歌手Difang Duana（郭英男）即來自馬蘭社，該社在今台東市新生里。本張約於1920年代，台東街「林商店」發行。

藏品編號：4088

臺灣生蕃アミス族正裝の頭目

盛裝的阿美族頭目
本張約於1920年代發行。
藏品編號：4490

傳統頭目與日本統治

二、帝國的殖民統治

近代日本與台灣的關係，可以溯源自1874年的牡丹社事件，當時日本藉口琉球難民被台灣原住民殺害，出兵台灣，與屏東的排灣族人交戰，事後，清朝與日本簽訂和約，清朝賠款，承認日本出兵的合法性，而日本軍隊則撤出台灣。

這次事件是日本明治維新後，首度對外發動的侵略戰爭，當時參與此一事件的樺山資紀、水野遵等人，後來在1895年分別擔任第一任台灣總督與民政局長官，可見牡丹社事件對後來歷史的影響。

日本佔領台灣後，為了征服台灣的原住民，特別是「北蕃」——泰雅族，在北部台灣山地設立了四條隘勇線，阻隔泰雅族與外界往來，試圖控制槍枝與食鹽流入山區。清代漢人在山區開發時，採行隘勇制來警戒、防禦原住民的攻擊，日本人亦承襲此習，並加以制度化，除了由警察單位直接指揮，加強了警備的功能，又添設現代化的設施，在險要地點設置山砲、地雷、通電的鐵絲網等，限制原住民的活動，迫使他們歸降。

1906年佐久間久馬太擔任台灣總督，此人也參與1874年的侵台行動，此時來台，推動著名的「理蕃五年計畫」，對台灣原住民採行軍事攻擊策略。自先祖以來，一直獨立自主的台灣原住民社群至此逐步成為「歸順蕃」。

本類有十九張圖片，主要為「征戰」與「教育」兩個主題，征戰的部份，除了日本軍隊在山區活動的照片外，很多與隘勇的設施有關。

至於教育方面，原住民歸降後，日本人設立「蕃童教育所」，試圖教化原住民兒童，這被視為日本「理蕃」事業中的德政，故成為明信片發行者愛用的主題。本類圖片大部份是拍攝原住民小孩在「蕃童教育所」的上課情形。

西鄉都督幕僚及蕃人
水野(2)督都鄉西(1)

日本西鄉都督、其幕僚及台灣原住民

這是明信片收藏者所說的「官片」，1908年(明治41)台灣總督府為了慶祝始政十三週年，發行所謂的「紀念繪葉書」，一套兩張，這是其中一張。就台灣攝影史的角度看，十九世紀下半葉有關台灣的影像資料較少，這張照片拍於1874年，相當珍貴。圖中人物有日本軍人與台灣人(可能是排灣族原住民)，圖中央有一人側著臉，係西鄉從道，西鄉隆盛之弟，陸軍中將，時任台灣蕃地事務都督，統領侵台日軍。圖前有一人斜躺在地，乃水野遵，係日軍通譯，曉華語，在台灣各地偵探，後來成為台灣總督府第一任民政局長，實際主持台灣政務。在西鄉從道兩側各有一位原住民坐著，左側可能是恆春下群十八社總頭目潘文杰，右側則是isa，西鄉從道與排灣族頭目談判時，即由Johnson譯成中文，再由isa譯成排灣語(James W. Davidson, *The island of Formosa*, p. 141.)。本張明信片於1908年，日本「東京印刷株式會社」印製，「台灣總督府」發行。

藏品編號：4278

THE JAPANESE EXPEDITION TO FORMOSA — GENERAL SAIGO AND THE NATIVE CHIEFS, AFTER THE LATTER HAD TENDERED THEIR SUBMISSION

十九世紀末歐洲雜誌亦刊載這張照片，如此圖是以手工重新描繪，圖像左右相反。(魏德文先生提供)

潘文杰

水野遵　　　　　西鄉從道　　Isa

西鄉都督僚幕及蕃人

拂曉ノ徒涉

番界ニ示威

右：「在番界示威」

左：拂曉前的徒步跋涉

右圖扛轎之原住民應為排灣族人，傳統的排灣族頭目外出即由族人扛轎，日本人依循此一習慣，成為排灣族的新統治者。

本張約於1920年代發行。

藏品編號：4374

討番隊深林之作業

叢林中的日本軍隊
本張約於1910年代發行。
藏品編號：4373

Mt Bonbon of Frontier Police Guarps Against　蕃灣ボンボン山高地隘勇線分遣所

宜蘭Bonbon山的隘勇線分遣所
本張約於1910年代發行。

藏品編號：4378

隘勇線壯丁

本張約於1910年代發行。

藏品編號：4377

(262) 丁壯線勇隘灣臺

臺灣蕃界隘勇小屋にて勇隘の信號に用ゆ

（森林臨時臺灣事行）

警鼓を打ちあい合る默

隘勇在小屋前敲打著作為信號的警鼓

本張約於1910年代發行。

藏品編號：4375

（台灣）養蠶鐵條網

158

隘勇線的鐵絲網

本張約於1910年代發行，在日本印製。

藏品編號：4371

89（杉田書店發行）　TETSUJOMO　枕頭山隘勇線鐵條網

枕頭山隘勇線的鐵絲網
枕頭山位在桃園縣復興鄉
三民村。本張約於1910年
代，「杉田書店」發行。
藏品編號：4370

（赤岡兄弟商會發行） 人蕃順歸ハルア＝近附ノ砲地陣砲ルケ於＝地蕃前伐討（灣臺）

歸順的泰雅族人
本張約於1910年代，台北「赤岡兄弟商會」發行。
藏品編號：4376

歸順的泰雅族人

本張約於1910年代發行，在日本印製。

藏品編號：4726

人蕃ノ伏降ヘ隊部山下地高尺千五シイハロコンラトパ

歸順セル蕃人　《第十回共進會臺灣館販賣部發行》

歸順的鄒族人

本張約於1910年代，「第十回共進會台
灣館販賣部」發行。

藏品編號：4707

（台灣）ウライ社蕃童教育所蕃童の遊戲　Spore of Uraisho-kyoikusho, formosa.

泰雅族烏來社「蕃童教育所」內兒童遊戲的情形

烏來社屬泰雅族屈尺群，在今台北縣烏來鄉。本張約於1930年代，在日本印製，台北「生番屋」發行。

藏品編號：4359

桃園角板山的「蕃童教育所」

角板山在今桃園縣復興鄉。本張約於1920年代發行，在日本東京印製。

藏品編號：4363

臺灣角板山蕃童教育所　SCHOOL FOR SAVAGE BOYS, KAKUBANZAN.

136（行發店商屋番生） School for Young Savages Kappanzan Formosa. 所育教童蕃山板角（灣台）

桃園角板山的「蕃童教育所」
本張約於1930年代，在日本印製，
台北「生番屋商店」發行。
藏品編號：4366

（灣台）角板山蕃童教育所
The School for Young Savages, Kappanzan, Formosa.

桃園角板山的「蕃童教育所」
本張約於1930年代，台北「生番屋本店」
印行。
藏品編號：4362

（蕃童教育所）　新竹州大溪郡角板山

桃園角板山的「蕃童教育所」
本張約於1920年代發行。
藏品編號：4364

霧社原住民的公學校
本張約於1930年代，台北「生番屋商店」
發行。
藏品編號：4358

原住民兒童上課與遊戲的情形

本張約於1930年代發行，有「昭和七年九月十日阿里山登山記念」戳記。

藏品編號：4623

受台灣總督府「撫育」的鄒族達邦社原住民

原圖說明：「不知台灣是日本的寶庫，如同不知自己所擁有的財富。」達邦社在今嘉義縣阿里山鄉，本張約於1910年代發行。

藏品編號：4794

傳統頭目與日本統治

三、到日本的觀光團

本類共計有十九張圖像，内容是日治時期台灣各地原住民頭目受邀到日本參觀的照片。日本人認為，原住民不願意歸順，是因為他們住在深山中，不了解世界局勢的變遷與日本帝國的強大，於是花錢載運台灣原住民頭目到日本去，讓他們見識帝國興盛的面貌，希望藉由這樣的參訪，台灣原住民會因此覺悟，放棄抵抗。

參訪的内容主要是觀看日本軍隊的演習、兵工廠、飛機航行，另外則是現代化的市街、工廠等，再加上日本各級官員的訓話。

1897（明治30）年八月舉辦第一次的内地觀光，在埔里撫墾署長長野義虎帶領下，有泰雅族、布農族、鄒族及魯凱族等十餘位原住民頭目到日本去。日本政府後來舉辦多次這樣的參訪活動，當時稱作「内地觀光」。本類圖片收集了兩次的參觀活動，一次是1911年（明治44年）九月的泰雅族觀光團，共有從三十七社選出的四十三名頭目參加，其中有女性頭目。另一次是1912年（明治45年）九月，亦是泰雅族的參訪團，共有四十社頭目五十二人參加。1930年代霧社事件的領導人莫那魯道當時也曾參加這類活動。

台灣總督府陸續舉辦此類活動，幾乎台灣各族都有頭目被送到日本參訪，當時日本文獻提及此事，多半認為對啓發原住民「智識」頗有成效，只是費用開支太大，所以，亦舉辦到台北觀光的活動，或是鼓勵山區

原住民到平地都市，如花蓮港等地參訪。

1916年（大正5年）　日本人在台北舉辦「臺灣勸業共進會」，共邀約台灣各地原住民中有勢力者六百人前往觀光，當時日本官員對原住民有如下的一番訓示：
官民由四面八方齊集台北，熱鬧非凡，各位必定大感驚訝，但日本本土都市在平時即如今日般繁華。如比較日本與台灣的面積，日本大如熊，而臺灣僅有兔子大小。如比較日本與台灣的人口，日本人口有如裝滿豆子之大桶，而臺灣人口則僅有一巴掌量的豆子。
……發覺自己社區狹小、住屋齷齪、生活水準偏低、知識程度不高。
……你們自古以來深居山中，雖然知識及技術不發達，若能遵從廳長、支廳長及警察官吏等之指導，努力農耕，厚積資產，不怠忽子女教育，則毫無疑問，必能與平地人並駕齊驅。若仍不革除惡習，不聽命官府，戕害人命，必受國法制裁。若膽敢聚眾反抗，警察及軍隊將大舉討伐，此點為各位所熟知。

日本人大概很認同這段話，將之收錄在官方出版品中，這些文字反映了當時日本統治者對台灣原住民的態度。

（タイヤル族頭目）　珍客入京せ生蕃觀光團四十三名一行いすれみの女四名

「生番觀光團」四十三名來到東京，
其中有紋面的女性四名

本張約於1910年代，日本東京「平尾福祿堂」印製，台灣「同仁社」發行。
藏品編號：4386

泰雅族女性一起吃飯

本張約於1910年代發行，日本東京「青木商店」印行。
藏品編號：4398

生蕃美人連の飲食　（入京せ台灣蕃生觀光男女四十三名一行）

蕃生と車働自用軍　（行一名三十四女男團光觀蕃生灣臺るせ京入）

明信片封套「入京的台灣生蕃觀光團」
原件說明：「台灣總督府主辦，從泰雅族
三十七社選出的男女四十三名。」

藏品編號：4386.1

原住民乘坐軍用自動車
本張約於1910年代發行，日本東京「青
木商店」印行。

藏品編號：4397

桃園等廳的原住民頭目在東京參觀
本張約於1910年代發行。

藏品編號：4382

（目頭各の蕃生 港蓮花 猴阿 義嘉 投南 竹新 園桃）　行一團光觀蕃生るせ京入

（タイヤル族四十社の頭目）行一名二十五團光觀蕃生ろせ京入

到東京的泰雅族頭目觀光團

本張約於1910年代發行，日本東京「青木商店」印行。

藏品編號：4388

（タイヤル族四十社の頭目）行一名二十五團光觀蕃生ろせ京入

到東京的泰雅族頭目觀光團

本張約於1910年代發行，日本東京「青木商店」印行。

藏品編號：4387

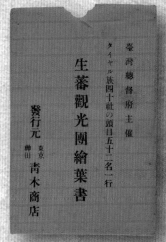

明信片封套
「生番觀光團繪葉書」
原件說明：「台灣總督府主辦，泰
雅族四十社的頭目共五十二人。」
藏品編號：4389.1

到東京的泰雅族頭目觀光團
本張約於1910年代發行，日本東京「青木
商店」印行。
藏品編號：4389

到東京的泰雅族頭目觀光團
本張約於1910年代發行，日本東京「青木
商店」印行。
藏品編號：4390

A Group of the Taiyal Tribe, Formosa.

人類學會

到東京的泰雅族頭目觀光團
1912年5月7日在東京帝國大學理科大學攝影，原版藏於理科大學
人類學教室，由日本東京「人類學會」發行。

藏品編號：4440

參觀陸軍步兵操練的原住民

原圖說明：「圖旁為石橋番薯寮廳長、秀平軍醫及近藤中隊長」。本張約於1910年代，日本「葉書會」印製，台南「小出大勸工場」發行。

藏品編號：4379

(208) Military drill before Formosans.　長隊中藤近及醫軍平秀卜長廳寮薯番橋石ル見ヲ練操兵步軍陸人蕃生

115 (行態賑書田杉) Sarvages seeing exercise of fieldgun　人蕃生ルアいツシ物見ヲ習演兵砲野

參觀野戰砲兵演習的原住民

本張約於1910年代，「杉田書店」發行。

藏品編號：4380

參觀飛機航行的布農族郡社群原住民
新武路番人指居住在台東新武路溪流域的
布農族人，屬郡社群。本張約於1930年
代，台東「小野寫真館」發行。
藏品編號：4381

在東京砲兵工廠分配水壺的原住民
本張約於1910年代發行。
藏品編號：4391

憩休テニ橋車傍國兩　（區光親人蕃灣臺）

在東京兩國火車站休息的泰雅族人
本張約於1910年代發行。
藏品編號：4392

況賣ノ着社聞新知報テニ車動自店服吳屋木白　（區光親人蕃灣臺）

坐著白木屋吳服店的汽車，到達報
知新聞社的情形
本張約於1910年代發行。
藏品編號：4383

泰雅族觀光團
本張約於1910年代，日本
「葉書俱樂部」發行。
藏品編號：4400

（行發館主自藤加道街四總下）　　景光ノ憩休岡田代千原津志下蕃生灣臺者觀拜

在下志津原千代田岡休息的泰雅族人
本張約於1910年代，日本「下總四街道加
藤自主館」發行。
藏品編號：4384

勇士與狩獵

《第二篇》

一、部落的守護者

在原住民傳統社會中，男子要負責砍伐、漁獵、建築房舍、戰爭等工作，在這些工作中表現優異的人，往往能得到族人的讚賞、肯定，特別是能獵取最多的野獸、砍取最多外人頭顱的人，也是最受村社人們尊敬的人，甚至因此成為頭目。所以，原住民男子的形象，往往強調其勇武的一面。

傳統原住民男子的武器有長矛、弓箭、刀及西洋式的槍。

刀是他們最常使用的武器，佩於腰際，片刻不離身。腰刀的用途相當廣泛，可以抵禦野獸侵襲與敵人的攻擊，也可用來採薪伐木、製造工具，甚至走在山徑中，可以劈草開路。各地原住民的佩刀，或長、或短，有的刀刃較直，有的較為彎曲，其形制略有不同。一般而言，刀刃均使用鐵製，形狀細長，加上木製的刀柄與刀套。

清代文獻《台海使槎錄》記載南部平埔族群：「刀長止尺許，或齊頭，或尖葉，函以木鞘；男婦外出，繫於腰間。以堅木為木牌，高三尺餘，闊二尺，繪畫雲鳥以蔽身。」文中描述原住民的佩刀與木牌，所謂木牌即現在人所稱的盾牌。

除了刀之外，弓箭與長矛也是原住民出獵時的武器。

原住民的弓，其製造材料可分為竹、木兩種，弓弦用紵麻搓成。使用的箭以鐵、石為箭鏃，箭的尾端有羽飾，或無羽飾。清代林謙光在〈台灣紀略〉中謂原住民：「弓則用竹為之，以麻為弦，矢則長銳無翎毛。」

弓箭可以用來打漁、獵獸與戰鬥，是往昔原住民重要的狩獵工具，但自從槍枝傳入部落後，戰鬥、捕獸多已改用槍枝。

早在十七世紀中國人、荷蘭人來台開始，火槍即傳入台灣，當時平埔族群已接觸到槍枝，十八世紀時，槍枝的使用更為普遍，原住民用槍枝打獵，特別是捕鹿。其來源應是與平地漢人交易所得，十八世紀台灣發生林爽文之亂時，中部的岸裡社原住民隨同官兵作戰，他們使用的武器「鳥銃」即是槍枝。

日本佔領台灣後，隨著統治力量的伸展，對台灣原住民的槍枝管制日嚴，原住民只有狩獵時才能使用。

原住民勇士在部落中扮演重要的角色，他們的裝扮、武器很容易引起外來者的注意。在本類明信片中，收集了台灣各地原住民勇士的照片三十張，攝影者為了表達一種勇武的氣氛，會要求勇士們穿著較為正式的服裝，手持武器，有時還要擺出攻擊的動作，以滿足攝影者的好奇心態。

本類圖片的編排係按使用武器的不同，分為兩部份，前半部的圖片主要為使用傳統武器的原住民，按族別排列；後半部為使用槍枝的原住民圖片，亦按族別排列。

ヤ ミ 族 男 女　　Manners of the savages, Formosa.

達悟族人

達悟族男子身著盔甲、手執刀槍，他們的目的不是要出征作戰或出草，而是防範anito（鬼）的侵襲，本張約於1930年代發行。

藏品編號：4570

達悟族人

年代：約1930年代

與上一張相較，似是同一時間所攝，只是三位婦女未參與拍攝。本張約於1930年代發行。

藏品編號：4648

男 の 外 出 姿　　ヤ ミ 族　（入蕃の鍔萋）

（ヤミ族）　　　俗風人蕃嶼頭紅

達悟族人
紅頭嶼即今蘭嶼，本張約於1920年代發行。
藏品編號：4184

持弓箭的阿美族馬蘭
社人
馬蘭社在今台東市新生
里。本張約於1910年代，
「杉田書店」發行。
藏品編號：4274

293 (行殺几番馬杉) SAVAGE TO SOOT ABOW 古稽ノ弓人蕃社蘭馬

武裝的台東阿美族人

本張約於1910年代，台北「藤倉書店」發行。

藏品編號：4178

CUSTOMS OF SAVAGE TRIBE.

（62）（行發店書倉藤）　人蕃生東台ルタシ裝武

武裝的台東原住民

依其服飾，應是布農族人。本張約於1910年代，台北「藤倉書店」發行。

藏品編號：4180

CUSTOMS OF SAVAGE TRIBE.

（71）（行發店書倉藤）　所ルタシ裝武ノ人蕃族ミア東台

64   *Formosan Natives.*   人蕃灣台

排灣族男子

本張約於1910年代發行，在日本印製。

藏品編號：4167

（行發堂進日田山）　SAVAGE FORMOSAN.　204　丁蕃社南卑族マユプ東臺

卑南族卑南社男子
卑南社在今台東市南王
里。本張約於1910年代，
「山田日進堂」發行。
藏品編號：4556

（56）　楯卜人蕃社ンヤヒカ蕃クマモポ　（灣臺）

排灣族巴武馬群Kahiyan社的盾牌

排灣族的盾牌多用楓木製成，楓木質輕且柔韌，被武器刺中時，較不易破裂。盾牌背面有一木製把手，另有小繩，盾牌不用時，可以背於肩上。

圖中盾牌正面的花紋有正反相對的鹿紋、人像紋，及正面的人面紋等。國立台灣博物館典藏一件排灣族的盾牌，其花紋與本圖之盾牌相同，也許是同一件盾牌。此圖係1905年五月森丑之助所拍，本張約於1930年代發行，在日本印製。

藏品編號：4581

圖中盾牌紋樣

Y159.　　　　　　　　人　蕃　灣　台

武裝的鄒族人
本張約於1920年代發行。
藏品編號：4788

布農族男子
本張約於1920年代，台北
「赤岡兄弟商會」發行。
藏品編號：4202

行發會商弟兄岡赤北台　ARMAMENT OF FORMOSAN　裝武ノ蕃ヌブ灣台

ツォウ族の青年　Manners of the savages, Formosa.

鄒族特富野社頭目之子
鄒族特富野社位在今嘉義
縣阿里山鄉，圖中人物頭
戴皮帽，帽上裝飾有帝
雉、山雞尾巴的羽毛。本
張約於1930年代發行。
藏品編號：4572

SAVAGES IN FORMOSA. (72)

泰雅族Taiyaf社男子

Taiyaf社在新竹縣尖石鄉玉峰村。本張約於
1920年代，台北「新高堂」發行。

藏品編號：4165.

武裝的泰雅族男子

圖中人物屬泰雅族Kinaji群，文獻寫作金孩兒，或譯為金那基，指居
住在大嵙崁溪上游，今新竹縣尖石鄉、五峰一帶的泰雅族人。本張約
於1920年代，台北「赤岡商會」發行。

藏品編號：4534

SAVAGE FORMOSA. 武裝ージナキ（台灣）

Male savage of Ataiyal trive, Formosa. (17)　臺灣 アタイヤル族生蕃の男

泰雅族男子
本張約於1920年代，在
日本印製，台北「藤倉
書店」發行。
藏品編號：4225

S 27

人蕃社シカヤイタ灣臺
ABORIGINES IN TAIWAN.

泰雅族Taiyakan社男子

Taiyakan社在新竹縣尖石鄉秀巒村。本張約於1920年代，在日本東京
印製，台北「新高堂」發行。

藏品編號：4179

武裝的泰雅族男子

本張約於1920年代，台北「赤岡兄弟商會」發行。

藏品編號：4193

武裝的泰雅族Gaogan群男子

Gaogan番，或譯為卡奧幹，文獻上寫作合歡群、高崗群，主要分布在桃園縣復興鄉。本張約於1920年代，在日本東京印製，台北「新高堂」發行。

藏品編號：4191

武裝的泰雅族Marikowan群男子
Marikowan群指居住於新竹縣尖石鄉玉峰村、南投縣仁愛鄉力行村一帶的泰雅族人。本張約於1920年代，台北「赤岡兄弟商會」發行。
藏品編號：4200

(19) Abrigines of Formosa.　臺灣生蕃人

武裝的泰雅族人
本張約於1910年代發行。
藏品編號：4164

BRABARIANS M'RIKOWAN TAIWAN
81（行發會商岡赤）　マリコワンヲ蕃（臺灣蕃人風俗）

武裝的泰雅族人

本張約於1920年代，台北「赤岡商會」發行。

藏品編號：4196

武裝的泰雅族人

本張約於1920年代，台北「新高堂」發行。

藏品編號：4778

台東布農族Saksak社的Aran兄弟

Saksak社屬布農族郡社群，日治時期稱施武郡番。本張於約1930年代，台東「小野寫真館」發行。

藏品編號：4226

武裝的原住民

本張約於1910年代，澎湖島「阪井商店」發行。

藏品編號：4466

41   SAVAGES OF FORMOSA.   臺灣生蕃

武裝的鄒族人

本張約於1920年代，在日本印製，台北「新高堂」發行。

藏品編號：4161

生蕃の風俗　　　　　（臺灣）

射擊中的原住民
本張約於1920年代發行，在日本印製。
藏品編號：4170

射擊中的原住民
原題作太魯閣番，屬泰雅族，但依其服飾，
可能是排灣族人。
本張約於1930年代，在日本印製，「生番屋
商店」發行。
藏品編號：4175

205（霧駛番生）　Tarrko Savage, Formosa.　　擊射ノ人蕃コロタ（灣台）

(6) Sharp-shootet of Aborigines, Formosa. （四）擊狙ノ族ンセリアツ蕃生灣臺（寫撮許不）

射擊中的魯凱族人

本張約於1910年代發行，在日本印製。

藏品編號：4192

射擊中的原住民

本張約於1920年代，澎湖島「阪井書店」發行。

藏品編號：4194

（行發店書井阪島湖澎） Sarage in Fovmosa. 人蕃生

300（行軍監處勇木海）　The Savage Nuveas.　（族オーナツ）撃狙の丁蕃蕃生（灣台）

鄒族原住民狙擊的情景

本張約於1930年代，在日本印製，「鈴木勇進堂」發行。

藏品編號：4172

勇士與狩獵

《第二篇》

二、狩獵與漁撈

台灣原住民的生產活動以農業種植為主，但是對原住民男性來說，狩獵與漁撈仍是他們重要的工作。

漁獵有時是個人單獨行動，亦有集體行獵。如果是集體行獵，得到獵物就按習俗均分。在漁獵活動中，擅於漁獵者，能領導族人獵得較多野獸，往往會成為部落團體的領導人。

清代方志《續修台灣府志》描寫原住民狩獵的情景：「捕鹿名出草，或鏢、或箭，帶犬追尋」。原住民的獵物以山豬、鹿、羌為主，除供食用、祭祀外，獸骨、獸牙可以當裝飾品，獸皮可以製成衣服，獵物的皮、肉亦可與漢人換取鹽、鐵、布、毛線等物品。

原住民的漁撈活動，因地形限制，通常是在山溪間捕魚，靠海的原住民如阿美族、達悟族則駕船出海捕魚。

在山溪捕魚時，原住民會使用有毒的植物如魚藤，作法是用石頭將魚藤搗碎，在溪流上游處釋放毒液，魚類因麻醉而漂浮在水面，原住民男女在下游揀拾。

原住民也使用鏢槍叉魚，清朝官吏六十七編纂的《番社采風圖考》記載原住民如何鏢魚及處理漁獲：

本張社頗精於射，又善用鏢鎗，上鏃兩刃，桿長四尺餘，十餘步取物如攜，嘗集社眾，操鏢挾矢，循水畔窺遊魚唼苲浮沫，或揚者輒射之，應手而得無虛發，便生啖之，醃漬則反取微臭者以為佳。

對原住民來說，漁撈的重要性不如狩獵與農耕，只有達悟族，因居地四周臨海，捕飛魚成為重要的生產活動。

本類圖片有十六張，編排為三部份，首先是原住民出獵的裝扮，有八張；其次是獵宰山豬圖片三張；最後有漁撈圖像五張。在這些圖像中，可以見到原住民帶著獵狗、持長矛、刀，嘴含煙斗，狀似愉快地集體出外打獵，另有獵捕山豬、屠宰山豬的情景，相當珍貴。

蕃人ノ女乙結婚ノ裝　　臺灣蕃人出孤之裝

右圖為排灣族出獵的裝扮
左圖為排灣族婦女的結婚服飾
本張明信片約於1920年代發行。
藏品編號：4166

外出打獵的賽夏族大隘社人
賽夏族大隘社在今新竹縣五峰鄉大隘村。
本張約於1920年代，在日本印製，台北
「騰山寫真館」發行。
藏品編號：4095

3 Hunting by savage Youths, Formosa. (臺灣) 番人青年の狩獵
銘々に獵犬を連れて山道を走る、彼等多くは山豚、鹿等を
捕るのです武勇を尚ぶ彼等は狩獵が第一の慰安です

狩獵的泰雅族青年

原圖說明：「帶著威風凜凜的番犬走在
山中的道路上，他們所狩獵的大多是山
豬或鹿之類的動物，崇尚勇武的他們以
狩獵為榮。」本張約於1920年代，台北
「生番屋商店」發行。

藏品編號：4173

外出打獵的鄒族原住民

原圖說明：「原住民崇尚勇武，在耕作
的閒暇中，常常會出去打獵」。本張約
於1920年代發行。

藏品編號：4590

（族ンヌブ）　姿狩出の人蕃社ビハ壠里
（行發館眞寫野小 東臺）

出獵的台東布農族Habi社人

里壠 Habi社屬布農族郡社群，在今台東縣
關山鎮一帶。本張約於1930年代，台東
「小野寫真館」發行。

藏品編號：4230

出獵的泰雅族人

本張約於1920年代發行。

藏品編號：4586

出獵前集合的泰雅族Tabaho社人

泰雅族Tabaho社在新竹縣尖石鄉秀巒村。本張約於1920年代,在日本印製,台北「山一」發行。

藏品編號:4188

(D.35)　THE FORMOSAN IN SAVAGES.
合集の前獵出人蕃社ホバタ澗台 (俗風人蕃)

(D.36)　THE FORMOSAN IN SAVAGES.
獵出の人蕃社スカツカタ澗台 (俗風人蕃)

出獵的泰雅族Takatsukasu社人

本張約於1920年代發行,在日本印製。

藏品編號:4190

獵豬的原住民

本張約於1920年代發行。

藏品編號：4204

布農族人處理獵到的山豬

圖中人物係布農族Qanitoan社，他們正在分配獵到的山豬。Qanitoan社屬於南投縣的布農族巒社群。本張約於1920年代，在日本印製，台北「騰山寫真館」發行。

藏品編號：4097

（埔里柯保安商會發行）　蕃の人　豬狩
THE WILD BOAR AND SAVEGE'S

獵豬的泰雅族原住民
本張約於1920年代，埔里「柯保安商會」發行。
藏品編號：4686

（台東街寶町林商店發行）　台東廳下番人漁獵風俗

台東原住民捕魚的裝扮
本張約於1920年代，在日本印製，台東街寶町「林商店」發行。
藏品編號：4744

生蕃の風俗 （瀝涯）

用弓箭射魚的原住民
本張約於1920年代發行。
藏品編號：4748

Y 137. 台灣ミア族蕃人ノ捕魚

捕魚的阿美族人
本張約於1920年代發行。
藏品編號：4746

少才ウ族タバン社蕃人ノ漁業ニシテ谷ノ橋ハ蕃人ノ架シタル竹橋ナリ　Formosa.

捕魚的阿里山鄒族達邦社人

此圖應是1909年十月森丑之助所拍，達邦社在今嘉義縣阿里山鄉，地
處曾文溪上游，他們使用一種稱為魚藤的汁液毒魚，再撈捕。
本張約於1930年代，在日本印製，台北「生番屋」發行。

藏品編號：4577

イバツテの蕃化潭月日

捕魚的日月潭邵族人
本張約於1920年代發行。
藏品編號：4611

勇士與狩獵

《第二篇》

三、獵首者與頭骨架

獵首常被現代人視為是殘忍的行為，也是違法的舉動，日本人佔領台灣時，極力想要革除這種習俗，甚至編出吳鳳壯烈成仁的故事，想勸化原住民放棄獵首。

現代的台灣原住民已停止獵首，也許我們可以較為客觀的來看待此一習俗。

台灣的原住民族群絕大多數都有獵首的習俗，台灣西部平原地帶的平埔族群，如西拉雅族、凱達格蘭族，及宜蘭的噶瑪蘭族在十六、七世紀時都有獵首的行為。十七世紀初，明朝文獻〈東番記〉中描述原住民「所斬首，剔肉存骨，懸之門；其門懸骷髏多者，稱壯士。」這可能是指台南一帶西拉雅族的獵首習慣。

清朝統治台灣後，來台的清朝官員或文人也注意到這種習俗，留下很多有關獵首的記載，如1690年代，郁永河的遊記《裨海紀遊》描寫台灣的「野番」，生性獷悍，不時外出剽掠，焚廬殺人。殺人後，取走人頭，「歸而熟之，剔取髑髏，加以丹堊，置之當戶，同類視其室髑髏多者推為雄，如夢如醉，不知向化，真禽獸耳。」

十八世紀黃叔璥的《台海使槎錄》謂：「傀儡生番動輒殺人，割首以去，髑髏用金飾以為寶。」

日本佔領台灣後，很在意原住民獵首的問題，因為對統治者而言，這不僅是奇風異俗而已，而是對統治權威、對法律的挑戰，因此，透過威嚇、宣傳、教育、法律等各種手段，想要消弭此一風俗。

對外來者來說，獵首固然殘忍、不人道，但對原住民來說，是一種習俗，是祖先的遺訓，也是文化構成的一部份。

原住民出草，目的是為了獵取敵人的首級，不是要消滅敵對勢力，也不純粹是想奪取別人的財物。獵首主要是為了一些目的而發動：

1. 為親友復仇：自己家人被殺了，亦要獵殺敵對一方之人，作為報復。
2. 解決爭議：族人間發生爭議，獵首的行為可以扮演類似法官的角色，即雙方意見相持不下，以出草成敗決定是非歸屬。因為原住民相信，神靈會讓清白的人獵得首級。
3. 表現自身的勇武，取得村社的認同：獵過首級的男人，代表著勇武，能夠保衛家人、村社，也是男子成年的表徵。進而獵得人首越多，被認為越有能力，在村社內地位越高，更受族人尊崇。
4. 驅除不祥疾疫，使農作物豐收、子孫繁衍。

獵首行動很少單獨為之，少則三、四人，多則二、三十人。如要攻擊敵方住家，通常會選擇黃昏時，乘對方無防備，闖入取首，亦有躲在路旁埋伏，乘機攻擊。

取得首級後，如泰雅族、布農族的習慣，常會從人首額頭割開兩條切痕，用藤蔓穿過，方便攜帶，至於排灣族則會將人頭裝入竹簍中攜帶。

出草是一種活動，更是一種儀式，從出草的決議開始，一直到取得人頭回到部落，都有很多的禁忌要遵守，如在出草時期不可紡麻、織布，也有一些儀式要舉行，如獵獲首級，當夜全社飲宴、舞蹈。

等到儀式舉行過後，人首會被收藏起來，收藏的方式各地不同，如泰雅族或阿美族會將人首排列於竹架上，排灣族人將之置於板岩搭建的石架，鄒族則放在會所中。

獵首，對於原住民來說，乃是遵從祖先流傳下來的習慣，是整個原住民文化體系的一部份，藉由獵首及相關的儀式，可以凝聚社群的向心力，抵禦外人的侵襲；對個人而言，是成年的表徵，建立在村社中地位的方式。這種習俗不僅流行於二十世紀以前的台灣，也遍及於過去的中國南方及東南亞各地。

本類圖片有十七張，圖片的編排大致按獵首行為的始末排列：出草的裝扮、埋伏、獵得人首、慶祝、頭骨的放置。

排灣族人出草的裝扮
原圖說明：「拿著槍與盾出草，是排灣族的風俗」。本張約於1920年代
發行。
藏品編號：4588

鄒族人出草的裝扮
原圖說明：「番族分為泰雅族、賽夏族、布農族、鄒族、排灣族、阿
美族及雅美族等七個種族，每個種族都有自己獨特的風俗，像圖中便
是鄒族出草的風貌。」本張約於1920年代發行。
藏品編號：4583

（台北赤岡商會印行）　BARBARIANS MARIKOWAN　景ノ草出人蕃ンワコリマ　俗風人蕃灣台

埋伏草叢中的泰雅族 Marikowan 群原住民
Marikowan群指居住於新竹縣尖石鄉玉峰村、南投縣仁愛鄉力行村一帶的泰雅族人。本張約於1920年代，台北「赤岡商會」發行。
藏品編號：4183

Aborigines, Formosa. 臺灣生蕃人

遭獵首的人

本張約於1910年代發行。

藏品編號：4216

砍得人頭的布農族人

1904年8月森丑之助所拍，他介紹此圖，指出圖中被砍人首屬泰雅族霧社群。本張約於1910年代發行，在日本印製。

藏品編號：4208

(44) Aborigines at Formosa. 臺灣生蕃人 [不許復製]

（合北文明堂製）　　HEAD OF SAVAGE MEN.　　生蕃人ノ生首

斬首後的人頭
本張約於1910年代，台北「文明堂」發行。
藏品編號：4214

（製電明文北台） FESTIVEL OF SCULPS OF THE FORMOSAN SAVAGES. (25) 祭首人蕃生

獵首後的慶祝儀式
本張約於1910年代發行。
藏品編號：4218

（ヌナチ盃祝テメ集チ友知ハ又カト感親カ我キルタリ取首ハ是）盃祝取首人蕃生

原住民的首祭
本張約於1910年代，台北「文明堂」發行。
藏品編號：4212

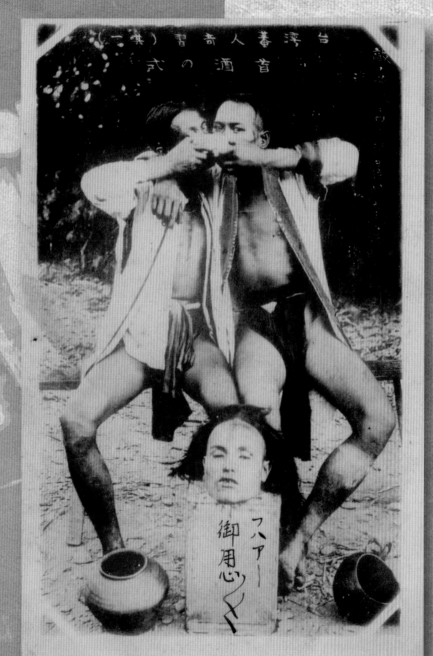

獵首後的慶祝儀式
本張約於1910年代發行。
藏品編號：4704

泰雅族烏來社的頭骨架

原圖說明：「原住民以骷髏頭的數量自諺，數量的多少代表著一種權威以及排行。裝飾在頭骨架上的骷髏則像是在嘲笑這種傳統一般的笑著。」圖片上蓋有「拓殖博覽會紀念」之戳記，此圖乃1903年2月人類學者森丑之助所攝，地點在台北縣的烏來社，在《台灣蕃族圖譜》第一卷中，他寫道：「這族的頭骨架常設在社內住家附近，砍來的頭骨排置在竹架上，最多一架排列有五、六十個。現在大部份已廢除這樣的架子」。本張約於1910年代發行。

藏品編號：4213

魯凱族的頭骨架

本張約於1920年代發行。

藏品編號：4217

臺灣生蕃人首棚

台灣南部原住民的
頭骨架
本張係照片，出版年
代不詳。
藏品編號：4130

38　*Formosan Native.*　翹首ト家住ノ目頭社大クロット下廳港蓮花（台　灣）

恆春上群大股頭目家的頭骨架

原題謂是花蓮地區泰雅族的圖片，但森丑之助在1905年9月拍攝另一類
似照片，應是相同地點，只是由正面取景。他記載這處頭骨架是恆春
上群大股頭人所有，並謂頭骨架前直立的桿狀物是從清朝軍隊擄來的
大砲。恆春上群指的是恆春半島以排灣族內文（Caqovqovolj）社為首的
社群。本張約於1910年代發行，在日本印製。

藏品編號：4220

恆春上群二股頭目家的頭骨架

森丑之助在1905年九月拍攝另一類似照
片，地點、人物均同，但從側面拍攝，
他描述這是內文社二股頭目家的頭骨
架，位在住家南邊，骨架後有大榕樹，
其中人物是Puraruyanchurum。此張明
信片圖像的攝影者應是森丑之助。

本張約於1910年代，日本神田的
Sekishindo印製，台北「藤倉書店」
發行。

藏品編號：4219

(ト9)（行發店書倉藤）　A HEAD-CAGE OF FORMOSAN SAVAGE.　柵首ノ社ンリイバ候阿

(145) Trophy of Head-hunter, Formosa.　柵首蕃生灣臺〔製複許不〕

台灣南部原住民的頭骨架

本張約於1910年代發行，在日本印製。

藏品編號：4215

花蓮原住民的頭骨架
本張約於1910年代發
行，在日本印製。
藏品編號：4207

(17) Trophr of Head-huntr Formosa.　臺灣花蓮港生蕃人首棚

A HEAD-CACE OF THE SAVAGES.　生蕃の首棚

花蓮原住民的頭骨架
此圖與上圖的頭骨架應
是相同的架子，只是拍
攝的時間不同。本張約
於1910年代發行，在日
本印製。
藏品編號：4209

一、拼板船與獨木舟

台灣四周環海，靠海居住的原住民應該擅於利用海洋，只是台灣西半部平原地區的原住民漢化已久，他們是否使用船隻，其船隻形式為何？已不可得知，僅留下一些文獻記載以及現存「艋舺」之類的地名。如十八世紀黃叔璥的《台海使槎錄》記載噶瑪蘭族的船：

「蟒甲，獨木挖空，兩邊翼以木板，用藤縛之；無油灰可艌，水易流入，番以杓不時挹之。」

台北、雞籠的原住民亦使用艋舺，清代的文獻《海東札記》描述：

「關渡門 番民往來，俱用蟒甲。蟒甲者，刳獨木為舟也，大者可容十三、四人，小者三、四人，划雙槳以濟，蠻奴習焉。雞籠內海所製最大。於獨木之外，另用藤束板輔於木之兩旁，可容二十五、六人。」

日月潭的邵族也使用艋舺，如《東征集》載：

「蟒甲，番舟名，刳獨木為之；划雙槳以濟。大者可容十餘人，小者三、五人。環嶼皆水，無陸路出入，胥用蟒甲。外人欲詣其社，必舉草火，以煙起為號，則番刺蟒甲以迎；不然，不能至也。」

上述文獻中的艋舺、蟒甲都屬於獨木舟，即是用單一樹幹鉋空而成，通常是使用樟木，船隻小的可乘三、五人，大的甚至可坐一、二十人，或更多，這些船均使用人力划槳。以邵族為例，在日月潭環湖公路未開築前，船是他們主要的交通工具。

獨木舟是較為原始的造船形式，達悟族的拼板船構造則比較複雜，需要較高的造船工藝。

達悟族的船有龍骨，船身由二十餘塊木板拼合構成，不同的部位使用不同材質的樹木，船板縫則填入植物纖維，防止漏水。船隻有大小之別，小的拼板船由一人或二人駕舟，大船則可乘八人、十人不等。船隻完成後，又分雕刻與不雕刻，凡是雕刻的新船必須舉行下水典禮，即習稱的船祭，族人著正式服裝，典禮進行時，橫眉怒目，大聲斥喝，以驅除惡靈anito，此一情景常成為攝影者捕捉的焦點。

二十世紀初期，達悟族與日月潭的邵族還使用傳統的舟船，引起攝影者的重視，因此，留傳至今的台灣原住民船隻影像，亦以這兩族為主。

本類圖片有十八張，達悟族的拼板船有五張，排列於前，其餘則是邵族的獨木舟。

7 Ships of Yami tribe, Formosa. 〜（臺灣）ヤミ族の智舟
紅頭嶼ヤミ族の用ふる彼等獨特の舟です
婆び疑らしてなかなか大したものです

達悟族的船

原圖說明：「紅頭嶼雅美族使用獨特的木舟，裝飾比同類型的木舟來得更加巨大」本圖係1911年八月佐佐木舜一所拍。在此圖中可以見到達悟族船隻的外貌，如船槳、船帆，中間那艘船尾端繪有太陽，象徵「船之眼」，可以驅邪。本張約於1920年代，台北「生番屋本店」發行。

藏品編號：4609

達悟族的船

這是達悟族人捕魚完畢後，推船上岸的情景。本張約於1920年代，在日本印製，台北「騰山寫真館」發行。

藏品編號：4292

掛海岸內紅頭嶼蕃暨照寫真
A scen of Antausu beach taitong prefecture.

蘭嶼達悟族的船
紅頭嶼，今稱蘭嶼，本張在1906年以前發行。

藏品編號：4294

（東京田所寫尾製）　臺灣紅頭嶼ノ舟　（不許複製）

蘭嶼達悟族的船
本張約於1910年代，在日本東京印製。

藏品編號：4289

日月潭蕃人と丸木舟
Savage Canoes on the Lake, Jitsugetsu-tan.

日月潭邵族的獨木舟
與下一張相同,但為彩色圖像,本張約於1920年代發行。
藏品編號: 4718

日月潭邵族的獨木舟
本張約於1920年代發行。
藏品編號：4616

日月潭蕃人と丸木舟

VIEW OF PICTURESQUE SPOT TAIWAN.
（潭中山の里九約りよ校市）

日　月　潭

日月潭邵族的獨木舟
原圖說明：「台灣名勝中最著名的一處，
位在海拔兩千四百尺，在山影環繞中欣賞
朝霧夕霞的風情之外，更有許多的美
景」。本張約於1920年代發行，在日本印
製。
藏品編號：4301

舟木獨の潭月日（湾台）
Savage canoe at Jitsugetsutan, Formosa.

日月潭邵族的獨木舟
本張約於1930年代，台北「生番屋商店」發行。
藏品編號：4300

日月潭邵族的獨木舟

清代文獻稱邵族為水社化番，或簡稱為化番。本張約於1920年代，「新高郡役所」發行。

藏品編號：4299

日月潭邵族的獨木舟

本張約於1930年代發行。

藏品編號：4304

舟木獨の潭月日 (湾台)
225. SAVAGE CANOES AT JITSUGETSUTAN FORMOSA.

日月潭邵族的獨木舟
本張約於1930年代，台北「生番屋商店」發行。
藏品編號：4307

日月潭邵族的獨木舟
本張約於1920年代發行。
藏品編號：4303

(一ノ景八灣臺) 潭月日 舟木獨ノ蕃化

63　（赤岡商會發行）　SAVAGE AND CANOE OF TAIWAN.　日月潭之獨木舟　（臺灣）

日月潭邵族的獨木舟
本張約於1920年代，台北「赤岡商會」發行。
藏品編號：4306

Jitsugetsutan at Formosa. （一名水社湖）潭月日灣臺 【不許復製】

日月潭邵族的獨木舟

本張約於1920年代發行，在日本印製。

藏品編號：4298

（朝倉喜代松發行）　　日月潭　湖上ノ丸木舟

日月潭邵族的獨木舟

本張約於1920年代，在日本印製，「朝倉喜代松」發行。

藏品編號：4305

日月潭木舟及頭目の家族

獨木舟及邵族頭目一家人

本張約於1920年代發行。

藏品編號：4302

日月潭的獨木舟與邵族水社男女
此圖為1915年一月森丑之助所拍。圖中婦女手中的竹筒係用來運水，男子則背著木架，可以搬運貨物。本張約於1930年代，台北「生番屋商店」發行。
藏品編號：4296

日月潭邵族的獨木舟
此圖可能是1902年一月森丑之助所拍，從此圖的拍攝角度看，可以了解獨木舟的內部結構。
本張約於1910年代，在日本印製，「杉田商店」發行。
藏品編號：4308

二、傳統的搬運方式

台灣原住民搬運貨物，除居住在平地的阿美族使用牛車外，大部份均採人力搬運。搬運的方式不像漢人用肩挑擔，他們係以頭頂物、以頭背物，或者以雙肩背物等方式。

平地的原住民用頭部頂物，山區的原住民則多使用背物的方式，用頭背物的時候，就用繩索繫於籃筐兩端，繩索再置於額頭，常見於山區的崎嶇小徑。

裝載東西的籃簍都是用籐、竹等天然物編製，台灣各地均產竹子，竹材成為原住民主要的編器材料。籃簍的器形，或作圓柱狀，或作圓錐狀，目前部份原住民仍使用類似的編器，只是材質改成塑膠，但籃子的形狀與背法仍沿襲傳統。

籃簍之外，另有背架，可以裝載人或物品。

本類圖片有十二張，主要為用頭背物的圖片。

南蕃バタカン族の廉客と物品搬運
CARRIERS OF THE BATAKANS,
SOUTHERN TRIBE, FORMOSA.

泰雅族婦女

本張明信片約於1920年代發行。

藏品編號：4596

This photographs a woman of the influenced aborigines who goes shopping. She has a basket on her back which is made of rattan and is as fair as urbanites', but she is walking with bare feet and is carrying a basket by her head, retaining its original condition.

TAIWAN

これは化蕃の一部人が買物に出かける風俗で、背中の籐籠工の籠などはなかなか立派なものと、頭から籠を被つてゐるのは相變らず昔のまゝの姿である。

"蕃地風俗。"

小籠を背に

蕃　灣

背著藤籃的邵族婦女

原圖說明：「這是一名化蕃婦人出門購物，背上的籃子是用藤條細工編織而成，相當漂亮的物品。以往赤腳、用頭頂住藤籠的景象依舊相沿未變。」本張約於1930年代發行。

藏品編號：4567

從耕地回家的泰雅族婦女
本張約於1920年代發行。
藏品編號：4684

搬運糧食の婦蕃
SAVAGE WOMEN CARRYING THEIR PROVISION.

搬運糧食的泰雅族婦女

在圖右方可見到背架的造型,本張約1927年以前發行。

藏品編號:4685

搬運物品的台東原住民

此人戴著皮帽,穿著皮衣、皮披風,用前額頂著藤編的籃子,可能是
布農族人。

本張約於1910年代,台北「藤倉書店」發行。

藏品編號:4147

CUSTOMS OF SAVAGE TRIBE.
(72)(行發店書倉藤)　物品運搬シツ、ア ル東台生蕃人

婦蕃コロタ

泰雅族太魯閣群婦女
本張約於1910年代發行,在日本東京印製。
藏品編號:4148

所易交ンパツタ

鄒族婦女及其背籃

本張家約1932年以前發行，有「昭和七年九月十日阿里山登山紀念」
戳記。達邦社在今嘉義縣阿里山鄉。

藏品編號：4624

鄒族人搬運傷者的情形

本張約於1930年代，在日本印製，「鈴木勇進堂」發行。

藏品編號：4222

泰雅族太魯閣群婦女

原圖說明：「沿著Takiri溪（今立霧溪）溯溪而上數里（約2日行程），有著從原始以來沒有與他人接觸的太魯閣蕃社。照片上是這地方的蕃婦，身體非常強健、容貌怪異、有著異樣的眼光，加上臉上的刺青，讓人一眼看到時會有驚異的感覺。現在因為道路的開通，物資流暢豐盛，如同太平盛世般。」

本張約1933年以前，在日本印製，台北京町的 Katsuyama Photo Studio 發行。　藏品編號：4280

搬運品物と客旅の族ンカタバ蕃南
CARRIERS OF THE BATAKANS,
SOUTHERN TRIBE, FORMOSA.

搬運旅客及物品的布農族人
本張約於1920年代，在日本東京印製，台北「新高堂」發行。
藏品編號：4157

CUSTOMS OF SAVAGES TRIBE

台東阿美族的竹轎
本張約於1910年代，「森脇日進堂」發行。
藏品編號：4284

262 〔杉田書店發行〕 Carrigs of Boiler　搬運釜腦樟人蕃

搬運樟腦鍋鼎的原住民
本張約於1910年代，「杉
田書店」發行。
藏品編號：4159

三、屋宇、穀倉及瞭望台

傳統原住民的生活是以聚落為中心，聚落的形式有散居、集居的不同，以泰雅族為例，他們多散居，聚落戶數不多，在險峻的山區，尋找坡度較緩的山坡面建立屋舍，聚落常分布在溪流兩側的山坡平地。

原住民選擇居住地，通常會注意該地是否便於農業耕作、適於防禦、以及水源的取得，然後占卜，如吉，就選定該地居住。

清代文獻《台海使槎錄》描述南部平埔族群的屋宇：「築土為基，架竹為梁，葺茅為蓋，編竹為牆，織蓬為門。」他們建築的方式是「每築一室，眾番鳩工協成；無工師匠氏之費，無斧斤鋸鑿之煩，用刀一柄，可成眾室」，另外設有穀倉，「亦以竹草成之，基高倍於常屋。下木上簟，積穀於上，每間可容三百餘石；正供收入，遞年輪換。夜則鳴鑼巡守，雖風雨無間也。」

上述一段文字中提到原住民的屋宇是以竹為梁柱、牆面，屋頂則蓋茅草。原住民搭蓋房子時，是族人共同參與，並沒有特別的建築師或工匠，甚至建築工具也非常簡單，只有用刀而已。在屋宇之外，又有穀倉，據描寫，這種小屋倍高於住屋，「下木上簟」指的應是干欄式建築。這是十八世紀初有關原住民建築的描述，二十世紀初的台灣各地原住民的建築形式似乎仍與上述的描述類似。

原住民築屋的過程大致按以下步驟進行：首先是集材，將揀拾或砍伐的樹幹、竹子進行整理、聚集，其次是整地，建屋時，先樹立樑柱、建築牆面，最後則蓋屋頂。

台灣原住民的建築形式相當多樣，如以建築基地與地面的關係來看，可以分為豎穴式（即屋內地板低於地面）建築，如蘭嶼的達悟族家屋，泰雅族、布農族亦有此種建築形式；地上式（與地面同高），及干欄式（即高於地面），如原住民的穀倉、會所，這種架高的形式主要是為了防潮、防蟲。

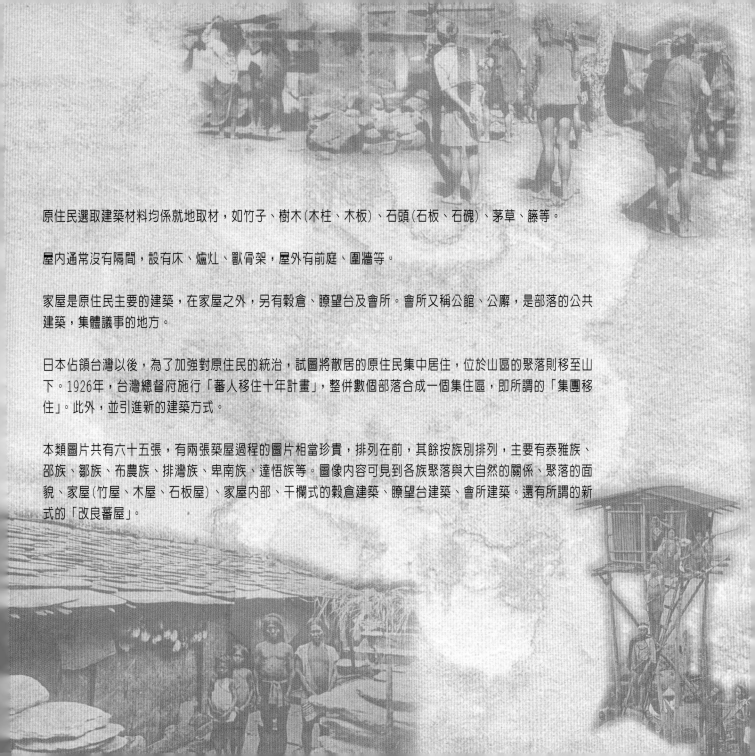

原住民選取建築材料均係就地取材，如竹子、樹木(木柱、木板)、石頭(石板、石塊)、茅草、籐等。

屋內通常沒有隔間，設有床、爐灶、獸骨架，屋外有前庭、圍牆等。

家屋是原住民主要的建築，在家屋之外，另有穀倉、瞭望台及會所。會所又稱公館、公廨，是部落的公共建築，集體議事的地方。

日本佔領台灣以後，為了加強對原住民的統治，試圖將散居的原住民集中居住，位於山區的聚落則移至山下。1926年，台灣總督府施行「蕃人移住十年計畫」，整併數個部落合成一個集住區，即所謂的「集團移住」。此外，並引進新的建築方式。

本類圖片共有六十五張，有兩張築屋過程的圖片相當珍貴，排列在前，其餘按族別排列，主要有泰雅族、邵族、鄒族、布農族、排灣族、卑南族、達悟族等。圖像內容可見到各族聚落與大自然的關係、聚落的面貌、家屋(竹屋、木屋、石板屋)、家屋內部、干欄式的穀倉建築、瞭望台建築、會所建築。還有所謂的新式的「改良蕃屋」。

石門蕃人の建築集材

屏東石門排灣族人整理建築用的木材

本張約於1930年代發行，石門在今屏東縣牡丹鄉。

藏品編號：4104

役公ノ人蕃

阿里山鄒族集體建屋的情景

圖中地板已整平，並豎立兩根方形木柱，村落男丁扛著方形木柱及扁平木板，應是原住民們合作蓋屋的場景。本張在1932年以前發行，有「昭和七年九月十日阿里山登山紀念戳記」。

藏品編號：4625

社蕃の蓋尺屈族ルヤイタ（灣台）
Savage Houses of Taiyarn Tribe, Formosa.

泰雅族烏來社聚落局部

此圖係1903年二月森丑之助所攝，屈尺番指泰雅族的屈尺群，文獻或作馬來番，散居於新店溪上游烏來鄉一帶。據森丑之助描述，左方建物是穀倉，有兩棟相連，右方兩棟乃住家，都是木頭建造，茅草蓋頂。牆壁用橫置木頭堆疊而成，是此區域原住民建築的風格。本張約於1930年代，台北「生蕃屋商店」發行。

藏品編號：4480

社 蕃 ンヘヨリ

泰雅族Riyohen社聚落

此社在今宜蘭縣南澳鄉，社名或拼為Leyohyen。本張約於1920年代，「台北州」發行。

藏品編號：4287

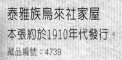

泰雅族烏來社家屋
本張約於1910年代發行。
藏品編號：4739

左為泰雅族家屋，右為排灣族婦人
本張約於1920年代發行。
藏品編號：4122

屈尺蕃ウライ社蕃人ト家屋　　Furaisha Nativas.

泰雅族烏來社家屋

本張約於1930年代，在日本印製，台北「生蕃屋本店」發行。

藏品編號：4450

39　　SAVAGES OF FORMOSA.　　　　　臺灣生蕃

泰雅族家屋
本張約於1920年代，在日本東京神田印製，台北「新高堂」發行。
藏品編號：4406

（拓殖博覽會内）　臺灣生蕃人五族人之住家

拓殖博覽會内的泰雅族家族及其家屋
此圖乃拓殖博覽會内的展覽建築。本張約
於1910年代發行。
藏品編號：4458

(D. 34)　THE FORMOSAN AN ABORIGINAL TRIBE.
台灣ガオガンラリイツク蕃社　（俗風人蕃）

泰雅族Teirek社聚落
Teiritsuku社，或作Teirek，位在今桃園
縣復興鄉。本張約於1920年代發行，在日本
印製。
藏品編號：4410

■角板山蕃社■

海拔七百米の角板山の奧地に踏入ると蕃社があり蕃人の耕作地も見られる。蕃人の風俗が漸次內地化しつ、ありさといへ、その生活は極めて原始的で顏る單純組朴である。

見所台灣

桃園泰雅族住家
原圖說明：「在進入海拔七百公尺的角板山腹地，有番社，可以見到蕃人的田地。蕃人的風俗習慣漸漸內地化，但是不論如何，他們的生活還是很原始的單純、素樸的。」本張約於1920年代發行。

藏品編號：4282

泰雅族Ririn社竹屋
本張約於1920年代，在日本東京印製，台北「新高堂」發行。

藏品編號：4402

99　SAVAGES OF FORMOSA.　臺灣ガ、カガンリリ、社蕃の人蕃社ンリリの地霽シ、竹屋

97 SAVAGES OF FORMOSA. 臺灣ガガシ 番地の タイヤカシ 番人

泰雅族Taiyakan社家屋

Taiyakan社在新竹縣尖石鄉秀巒村。本張約於1920年代,在日本東京印製,台北「新高堂」發行。

藏品編號:4107

80. SAVAGE TRIBE AT KAPPANZAN, FORMOSA. 龍蕃ノ社シプハ山鹿高(灣台)

泰雅族Hapun社家屋

Hapun社今稱合流,在桃園縣復興鄉。本張約於1930年代,台北「生蕃屋商店」發行。

藏品編號:4796

屋蕃社ンブハ山角板灣臺　TAIWAN SAVAGES, KAKUBANZAN.

泰雅族Hapun社家屋
本張約於1920年代，在日本東京印製，
台北「新高堂」發行。
藏品編號：4017

CLOTH-WEAVING. FOR SAVAGE-WOMEN.
MT. KAPPAN, FORMOSA.
（てに内屋蕃）布織の人蕃な的始原　（山板角　地蕃灣臺）

桃園泰雅族家屋內部
本張約於1930年代發行。
藏品編號：4071

社蕃社一ゴー水社霧

泰雅族Hogo社聚落

Hogo社在今南投縣仁愛鄉，本張在1926年
以前發行，有「大正十五年八月六日台灣
霧社登山紀念」戳記，在日本大阪印製。

藏品編號：4236

泰雅族Parlan社家屋

Parlan社在今南投縣仁愛鄉，今稱霧社。本
張約於1910年代發行，在日本大阪印製。

藏品編號：4090

屋蕃ノ社ンラアパ社霧

原住民聚落

原題作南部番人部落,不過觀其建築
形式與人物服飾,似是泰雅族風格。
本張約於1920年代,台北「赤岡商
會」發行。

藏品編號:4421

南投泰雅族聚落

原圖說明:「住在八仙山的明治溫泉附近
的蕃人,近來有著顯著的進化。內地式的
建築增加,如建築水車屋等等。」泰雅族
稱八仙山為Papagowaa。Kulas社,又稱
Timburan社,指泰雅族南勢群博愛等社,
分布在今台中縣和平鄉博愛村。本張約於
1920年代,台北「生蕃屋本店」發行。

藏品編號:4608

Woman of Aborigines, Formosa. (十ノ五) 臺灣生蕃タイヤル族正裝ノ蕃婦 【不許覆製】

泰雅族家屋
本張約於1910年代發行，在日本印製。
藏品編號：4734

左上：泰雅族家屋
右下：泰雅族勇士
本張約於1920年代，日本「東京圖案印刷株
式會社」印製，「台灣藝術協會」發行。
藏品編號：4731

屋番及人番ルヤイタ下廳投南

南投泰雅族家屋

本張在1920年以前，台北市田寫真館印製，「南投商工會」發行，有大正九年二月二十二日郵戳。

藏品編號：4419

泰雅族Parlan社家屋

本張約於1920年代發行。

藏品編號：4084

織機と屋番肚ンラーバ社霧
THE SAVAGE'S HOUSE AND THEIR WEAVING, MUSHA.

泰雅族霧社群家屋内部
本張約於1922年以前發行，有「大正十一
年一月十六日台灣霧社登山紀念」郵戳。
藏品編號：4692

泰雅族家屋内部
本張約於1930年代，在日本印製，台
北「藤山寫真館」發行。

藏品編號：4093

（臺灣の蕃人）タイヤル族　ロボ（口琴）を奏づる乙女達

在矮牆上吹奏Robo（口琴）
的泰雅族少女們
Parlan社在今南投縣仁愛
鄉，本張約於1930年代發行。
藏品編號：4650

泰雅族稍來坪社的改良房屋
稍來坪社在今台中縣和平鄉。本張約於
1930年代，台北「生蕃屋商店」發行。
藏品編號：4476

12 Savage houses of Urai, Formosa. (臺灣) ウライ蕃社
臺北から一日行程、昔は相當暴れた事もあるが今は
從順な彼等である溫泉もあつて景色もよい處

泰雅族烏來社家屋與穀倉
原圖說明：「從台北前往大約需要一天
的行程，以前是相當粗暴的蕃人，現在
也變得很順從了，同時也是擁有溫泉的
所在。」本張約於1920年代，台北「生
番屋本店」發行。
藏品編號：4795

泰雅族Hakawan社的穀倉
Hakawan社在今桃園縣復興鄉光華村。
本張約於1920年代，台北「赤岡商會」
發行。
藏品編號：4085

泰雅族Hapun社的穀倉
本張約於1930年代，台北「生蕃屋商
店」發行。
藏品編號：4086

泰雅族Hapun社的穀倉
本張約於1910年代，台北「生蕃屋商
店」發行。
藏品編號：4413

Savage and House at Formosa

家住と人蕃生（灣臺）

泰雅族穀倉

本張約於1920年代發行，在日本印製。

藏品編號：4644

泰雅族穀倉

原圖說明：「蕃社的房屋會隨著各族的不同而有所差異，大體而言是用樹皮、竹子、木板來做牆壁，至於屋頂則是用茅草或是樹皮，並有木桿交錯搭建而成。圖中是倉庫，跟住宅不同之處為倉庫的底座較高，若是住宅的話，就直接在土上鋪上可供隔離之物作為地板。」本張約於1930年代發行。

藏品編號：4741

泰雅族太魯閣群的瞭望台與村落
太魯閣番指泰雅族Taruku群，居民主要分布於南投縣仁愛鄉、花蓮縣秀林鄉、萬榮鄉、卓溪鄉及吉安鄉。本張約於1910年代發行，由日本東京神田的Sekisindo印製。

藏品編號：4229

泰雅族的瞭望台

原圖說明：「喜好爭鬥的他們就利用這樣的瞭望台，敵人來襲時，在這樣的高台上進行著瞭望的任務。」本張約於1920年代發行。

藏品編號：4584

泰雅族的瞭望台

本張約於1920年代發行。

藏品編號：4187

南投泰雅族的瞭望台

原圖說明：「為了防備敵人所搭建的監視所，將折去枝葉的樹幹約十根搭建成有些怪異的腳架，在其上建造小屋，約可容納五、六人左右。」本圖係南投Kamchau社。本張約於1920年代，台北「生蕃屋本店」發行。

藏品編號：4606

泰雅族Hakawan社的瞭望台

Hakawan社在今桃園縣復興鄉光華村。本張約於1920年代，台北「新高堂」發行。

藏品編號：4697

（臺灣）日月潭水社化蕃の部落
115 Savage village at Suisha, Jitsugetsutan. Formosa.

日月潭邵族水社聚落

二十世紀初期邵族有六社五百多人，居住於日月潭畔，其中包含水社，1930年代因日本人圍湖蓄水發電，遷移至今德化社居住。本張約於1920年代，台北「生蕃屋本店」發行。

藏品編號：4670

社印石蕃化潭月日下廳投南

日月潭邵族石印社家屋

邵族石印社原居日月潭光華島東南側，1930年代日本人興築發電廠，圍湖蓄水，石印社人被迫遷至今德化社。本張圖片拍攝的地點也許就是石印社未遷移前的居住地。

本張約於1920年代，台北市田寫真館印製，「南投商工會」發行。

藏品編號：4468

阿里山ツアバン社

阿里山鄒族達邦社聚落
本張約於1920年代發行。
藏品編號：4423

鄒族達邦社家屋
本圖為1914年十二月森丑之助所拍。約
於1930年代，在日本印製，台北「生蕃
屋本店」發行。
藏品編號：4448

55. [生蕃屋發行] Taban Savages and their House. ツアバタ族シ人番社卜住家 （臺灣）

(173) (行發店書田杉)　TAPFOSHA SAVAGE　館公社邦達　灣台

阿里山鄒族達邦社會所

本張約於1920年代，「杉田書店」發行。

藏品編號：4197

阿里山鄒族達邦社會所

鄒族會所視各社大小而有有不同，係由全社
人員共同興建，以茅草為頂，地板高出地表
一公尺餘，四面無牆。為全社集會之處，女
人不可進入，晚上則為未婚壯丁住宿處。本
張約1932年以前發行，有「昭和七年九月十
日阿里山登山紀念」戳記。

藏品編號：4620

ツパッ社番人集會所

（台灣）カンタバン族蕃人住家　Abmelling of Kantaran-savagese Formosa.

布農族Gantaban群家屋

此張照片係1906年二月森丑之助所攝，布農族Gantaban（干卓萬）群分
布於濁水溪上游，其住屋係用板岩建造，為防風與禦敵，在家屋前堆疊
石板，此一風格見於此群與丹社群原住民。在屋簷下懸掛著頭蓋骨，多
半是鄰近的泰雅族霧社群、萬大社原住民的首級。

本張約於1930年代，在日本印製，台北「生蕃屋本店」發行。

藏品編號：4427

南投布農族人及其家屋
本張約於1920年代，台北市田寫真館印
製，「南投商工會」發行。

藏品編號：4114

南投廳下ブヌシ番人及番屋

SAVAGES OF BUBUNURU.　臺得磺石閣高山番ブヌル社

布農族巒社群住屋
本圖為1910年中井宗三所攝，巒社群分
布於南投縣信義鄉及花蓮瑞穗、玉里、
卓溪各鄉境內之山區，跨越中央山脈兩
側。本張約於1920年代，在日本東京印
製，台北「新高堂」發行。

藏品編號：4408

(森脇日進堂發行)　CUSTOMS OF SAVAGE TRIBE.　屋家其ト童蕃ンセリアツ（灣臺）

魯凱族兒童及其家屋

本張約於1910年代，
「森脇日進堂」發行。

藏品編號：4424

石門蕃人の集團家屋

博陽館

屏東石門排灣族家屋

本張約於1930年代，屏東四重溪的溫
泉旅館「博陽館」發行。

藏品編號：4035

(14) ABORIGINES AND THEIR HOUSE NI FORMOSA.　臺灣生蕃人ノ家屋　臺灣風俗

阿美族家屋

約於1900年代發行。

藏品編號：4456

排灣族住家

本張約於1920年代發行。

藏品編號：4082

臺灣生蕃パイロシ族住家

屋　蕃　（習風地蕃の灣臺）

排灣族家屋

本張約於1920年代發行。

藏品編號：4597

こと蕃屋は屏南部蕃人の家屋をそのまゝ模し
建てられたもので、山地に住む蕃人達が屏東市街
を訪れ一夜の宿を此處に求めるため。

SAVAGES' HOUSES OF HEITO, TAIWAN.
屏東蕃屋 (臺灣)

屏東公園的排灣族家屋

原圖說明:「這棟蕃屋是模仿南部蕃人的住家模樣所建造的,在山地
居住的蕃人來到屏東市街上時,如果有暫住一夜的需求時就會來這樣
的地方借宿」。本張約於1920年代發行。

藏品編號:4143

屋蕃ξ蕃生族ンワイパー（屏東）

THE BARBARIAN-HOUSE AND BAIWAN TRIBE.
(FORMOSA HEITOO)

屏東公園的排灣族家屋

這是日本人在屏東公園內建築的排灣族家屋，依其式樣，如屋簷的人面、百步蛇紋雕刻，以及廣場上的人形石柱，應是仿照頭目家屋，有不少攝影者來此拍攝，以下七張圖像均是此一場景，此處可供人住宿。本張約於1930年代發行。

藏品編號：4403

屏東公園的排灣族家屋

原圖說明：「以產木瓜聞名的屏東，有著很多的熱帶植物，東半部的山地到現在還沒有開發，那裡是布農族、排灣族、鄒族三族的蕃界，約有一萬三千多人居住，非常具有異國風情。」本張約於1920年代發行。

藏品編號：4145

■ 屏東の蕃屋 ■

木瓜（パパイヤ）の産地で名高い屏東地方は、熱帯的な植物が殊に多い。その東半分の山岳地は今も尚未開の蕃界でブヌン、パイツン、ツォウの三族が一万三千ばかり棲み、エキゾチックな感が深い。

人の顔と蛇！何とグロテスクなこと。而もこれがホテルの看板だから驚く、山の深い蕃地から華かな都会に出て来た蕃人達も安らかに眠らせるお宿は此處。

● 蕃地風俗 ●

臺灣

Mans' face and snakes. How grotesque they are! And they are a signboard of a hotel to our astonishment. Savages visiting to a town from the aborigines' region of a deep mountain take here their sweet sleep.
TAIWAN

眼を驚かす

屏東公園的排灣族家屋

原圖說明：「人的臉與蛇！竟然是一些令人覺得怪異的裝飾，而且這居然是旅館的廣告看板更是令人覺得驚訝。從深山來到繁華的都市，能讓原住民安心睡眠的地方也只有這裡了。」本張約於1930年代發行。

藏品編號：4563

屏東公園的排灣族家屋
原圖說明：「是不會感到害怕啦，但是看到那麼多骸骨的圖畫還是會覺得　」、「應該是因為感受不同吧？這些圖畫對於那些番人來說，是非常可愛的裝飾呢」
「真的嗎？！那這些住宿所都是為了這樣所以才畫上這些圖畫的囉」
已獲得高雄要塞司令部許可，地帶模第五九號，昭和十四年五月八日。本張約1939年以後發行。
藏品編號：7864

屏東公園的排灣族家屋
原圖說明：「本島蕃族七種族之一的排灣族，所居住的蕃屋中最華麗的一戶」，已獲得昭和十五年(1940)四月二十日高雄要塞司令部地帶寫第四十三號許可。本張約1940年以後發行，在日本東京印製。
藏品編號：4121

宿お の人蕃　　　　屋蕃

屏東公園的排灣族家屋
本張約於1920年代發行。
藏品編號：4119

排灣族人用餐後的室內聚會
本張約於1930年代，「台灣鐵道部」發行。
藏品編號：4791

番肚の宴ひ

After Dinner, Aborigines

【不許復製】　（トロバン）所會集年少蕃南卑族ンイパ　藝生灣台

台東卑南族少年集會所

卑南族的少年到了十三至十五歲時，就要夜宿在Toroban（少年集會所，有階梯之家的意思），他們的習俗是在一月的祭典中，將Toroaan拆毀，到了六月時重建，新加入的少年則夜宿至十二月。本張約於1920年代發行，在日本印製。

藏品編號：4725

行發堂成新村田　　COTTAGE OF FORMOSAN SAVAGE　　屋家の人蕃地平と樹楊 (8)

原住民家屋

本張約於1910年代發行。

藏品編號：4425

排灣族Kapiyan社穀倉
原圖說明：「不論是什麼
時候，都會在心中殘留下
深刻印象的一幕。即使是
常常會折斷，仍然還是極
力的往高處、不停生長的
的椰子樹」。Kapiyan社在
今屏東縣泰武鄉佳平村，
本張約於1930年代發行。
藏品編號：4411

(57) 落部社イララライ族ミヤ嶼頭紅　（灣臺）

蘭嶼達悟族Irararai社聚落

達悟族的住家是屬於所謂的豎穴式建築，住家地板低於地面一、兩公
尺，部份屋宇露出地面，這種建築格式可能是基於防風的考量。本張
圖片中有些建築低矮，即是達悟族住家，有些干欄式建築，則是他們
的涼台；至於地面建築則是他們的工作室。Irararai社位在蘭嶼島北
部海岸。本張約於1930年代發行，在日本印製。

藏品編號：4765

《第一篇》 傳統頭目與日本統治　　一、部落中的頭目

藏品編號	原件題名中譯	印刷年代	發行者 / 印刷地點	推測族別	備註
4206	台灣 Haga 社番人頭目	約1920年代	台北新高堂 / 在日本東京神田印製	泰雅族	Haga 社在今新竹縣尖石鄉秀巒村，又稱Kinlowan社。
4558	南投廳 Hori 社番人頭目夫婦	約1910年代	--	泰雅族	
4168	台灣 Ginrou 社番人頭目的盛裝	約1920年代	台北山一 / 在日本印製	泰雅族	
4537	宜蘭生番人頭目	約1910年代	森脇日進堂 / --	泰雅族	
4724	總頭目 Karauhatan 帶領部下八十人襲擊草村分隊，結果從左邊喉嚨到背上被子彈貫穿，並且左手骨折，但是仍活著	約1910年代	-- / 在日本東京神田印製	泰雅族	
4176	賽夏族盛裝的頭目Taro Yomaw與武裝的老人	約1910年代	鈴木勇進堂 / 在日本印製	賽夏族	圖片右側係賽夏族大隘社頭目Taro Yomaw，屬於賽夏族Tautauwazai 氏族，漢名為趙明政，在日治時期則稱為伊波幸太郎。
4571	賽夏族大隘社頭目Taro Yomaw及其親人	約1920年代	--	賽夏族	這是Taro Yomaw年老後的照片，右側為Pi-Tai，是泰雅族十八兒社頭目的妹妹，亦嫁至大隘社。
4460	台灣(Gaogan)番人頭目	約1910年代	山田日進堂 / --	道卡斯族	明信片標題可能有誤，伊能嘉矩謂係道卡斯族新港社頭目。新港社位在今苗栗縣後龍鎮。
4751	鄒族番人的酋長	約1920年代	-- / 日本神戶的AKANISHI	鄒族	右圖係1914年12月森丑之助所拍，左圖係1910年中井宗三所拍，其解說表明這是鄒族魯富都群的男性。
4481	番人頭目的禮服	約1930年代	生蕃屋商店 / --	鄒族	
4498	鄒族頭目	約1920年代	--	排灣	
4656	日月潭有勢力者——頭目的家族與酋長的家族	約1920年代	--	邵族	
4309	日月潭邵族頭目的家族	約1920年代	--	邵族	
4655	日月潭獨木舟與頭目的家族	約1920年代	--	邵族	
4585	頭目夫婦(布農族)	約1920年代	--	布農族	
4224	內本鹿頭目	約1930年代	台東小野寫真館 / --	布農族	日治時期，內本鹿地區的布農族人被台灣總督府移至今台東縣延平鄉
4245	台灣魯凱族大南社頭目	約1930年代	--	魯凱族	
4792	南部番人頭目	約1920年代	赤岡商會 / --	魯凱族	這是頭目的日常服裝，上身是短棉布衣，有刺繡。身披肩章。
4160	排灣族來義社頭目的住家	約1920年代	台北生蕃屋本店 / --	排灣族	此圖是1904年10月森丑之助所拍，最右側著豹皮外衣者為丹林社頭目。
4288	台灣恆春生番	約1920年代	南里商店 / Seiundo Printing Co.	排灣族	
4285	恆春番的盛裝	約1920年代	南里商店 / Seiundo Printing Co.	排灣族	
4500	阿猴番人的風俗	約1910年代	森脇日進堂 / --	排灣族	
4527	盛裝的排灣族頭目	約1930年代	台北生蕃屋本店 / --	排灣族	
4600	在頭目面前聚集的原住民們	約1920年代	台北生蕃屋本店 / --	排灣族	此圖係排灣族 Kulalau (古樓)社頭目召集族人的場景。Kulalau 社在今屏東縣來義鄉古樓村。

藏品編號	原件題名中譯	印刷年代	發行者／印刷地點	推測族別	備註
4275	巴武馬番排灣社頭目Nishichi，旁邊的陶器是遠古從天而降，代代相傳的器物	約1910年代	鈴木勇進堂／在日本印製	排灣族	本圖係1897年4月森丑之助所拍，Kapiyan 社在今屏東縣泰武鄉佳平村。
4575	巴武馬番三地門社頭目的住家與穀倉	約1930年代	--／在日本印製	排灣族	本圖係1905年6月森丑之助所拍，左側板岩屋是住家。三地門社在今屏東縣三地門鄉。
4517	巴包拔番 Tanashiu 社頭目夫妻	約1930年代	--／在日本印製	排灣族	右圖係1905年5月森丑之助所拍，左圖是1909年五月所拍，是排灣族 Raval 群大社少女。Raval 大社在今屏東縣三地門鄉大社村。
4532	台灣阿緱廳內文社大股頭人Ro-paniyau 與內文社二股頭人Churun	約1910年代	--／在日本印製	排灣族	恆春上群指的是恆春半島以排灣族內文 (Caqovqovolj) 社為首的社群。
4497	台灣生番的頭目	約1920年代	高雄市山形屋／--	排灣族	
4484	生番頭目	約1910年代		卑南族	
4227	花蓮 Troku 大社，右邊是總頭目，左邊是大頭目	約1930年代	鈴木勇進堂／在日本印製	卑南族	本圖人物似為卑南族人。
4490	台灣生番阿美族盛裝的頭目	約1920年代	--	阿美族	
4088	台東廳馬蘭社頭目與家族	約1920年代	台東街林商店／--	阿美族	馬蘭社，該社在今台東市新生里。

二、帝國的殖民統治

藏品編號	原件題名中譯	印刷年代	發行者／印刷地點	推測族別	備註
4278	西鄉都督、幕僚及番人	約1910年代	台灣總督府／日本東京印刷株式會社印製		1908年台灣總督府發行的「紀念繪葉書」
4374	右圖：在番界示威。左圖：在拂曉前的徒步跋涉	約1920年代	--	--	
4373	討番隊在叢林的工作	約1910年代	--	--	
4378	台灣Bonbon山高地隘勇線分遣所	約1910年代	--	--	
4377	隘勇線壯丁	約1910年代		--	
4375	台灣番界在隘勇小屋敲打作為隘勇信號的警鼓	約1910年代	森脇日進堂／--	--	
4371	番界鐵絲網	約1910年代	--／在日本印製	--	
4370	枕頭山隘勇線鐵絲網	約1910年代	杉田書店／--	--	枕頭山位在桃園縣復興鄉三民村。
4376	討伐前在砲陣地火砲附近的歸順番人	約1910年代	台北赤岡兄弟商會／--	泰雅族	
4726	在五千尺高地上，向下山部隊降服的番人	約1910年代	--／在日本神田印製	泰雅族	
4707	歸順番人	約1910年代	第十回共進會台灣館販賣部／--	鄒族	
4359	烏來社番童教育所番童的遊戲	約1930年代	生番屋／在日本印製	泰雅族	烏來社屬泰雅族屈尺群，在今台北縣烏來鄉。
4363	台灣角板山番童教育所	約1920年代	--／在日本東京神田印製	泰雅族	角板山在今桃園縣復興鄉。
4366	角板山番童教育所	約1930年代	生番屋商店／在日本印製	泰雅族	
4362	角板山番童教育所	約1930年代	台北生番屋本店印行	泰雅族	
4364	新竹州大溪郡角板山番童教育所	約1920年代	--	泰雅族	

藏品編號	原件題名中譯	印刷年代	發行者／印刷地點	推測族別	備註
4358	霧社原住民的公學校	約1930年代	生番屋商店 / --	泰雅族	
4623	右圖：番童教育之一(上課) 左圖：番童教育之二(遊戲)	約1920年代	--	鄒族	有「昭和七年九月十日阿里山登山記念」戳記
4794	受台灣總督府「撫育」的嘉義廳達邦社生番人	約1910年代	--	鄒族	

三、到日本的觀光團

藏品編號	原件題名中譯	印刷年代	發行者／印刷地點	推測族別	備註
4386.1	入京的台灣生蕃觀光團	約1910年代	日本東京神田的青木商店印行		明信片封套，原件說明：「台灣總督府主辦，從泰雅族三十七社選出的男女四十三名。」
4386	入京貴客的生番觀光團四十三名，其中有紋面的女性四名(泰雅族頭目)	約1910年代	台灣同仁社 / 日本東京神田平尾福祿堂製	泰雅族	
4398	生番美人們的飲食	約1910年代	日本東京神田的青木商店印行	泰雅族	
4397	軍用自動車與生番	約1910年代	日本東京神田的青木商店印行	--	
4382	桃園、新竹、南投、嘉義、阿猴、花蓮港生番的頭目的原住民頭目在東京參觀	約1910年代	--		
4389.1	「生番觀光團繪葉書」	約1910年代	日本東京神田的青木商店印行	--	明信片封套，原件說明：「台灣總督府主辦，泰雅族四十社的頭目共五十二人」
4388	入京的生番觀光團五十二名一行	約1910年代	東京神田青木商店印行	泰雅族	
4387	入京的生番觀光團五十二名一行	約1910年代	東京神田青木商店印行	泰雅族	
4389	入京的生番觀光團五十二名一行	約1910年代	東京神田青木商店印行	泰雅族	
4390	入京的生番觀光團五十二名一行	約1910年代	東京神田青木商店印行	泰雅族	
4440	台灣番人	1908年	東京人類學會 / --	泰雅族	1912年5月7日在東京帝國大學理科大學攝影，原版藏理科大學人類學教室
4379	看陸軍步兵操練的生番人	約1910年代	台南小出大勸工場 / 日本葉書會印製	鄒族	
4380	參觀野戰砲兵演習的生番人	約1910年代	杉田書店 / --	--	
4381	布農族新武路番人參觀飛機	約1930年代	台東小野寫真館 / --	布農族	新武路番人指居住在台東新武路溪流域的布農族人，屬郡社群。
4391	在東京砲兵工廠本部前分配水壺的實況	約1910年代	--	泰雅族	
4392	在兩國火車站休息	約1910年代	--	泰雅族	
4383	坐著白木屋吳服店的汽車，到達報知新聞社的情形	約1910年代	--	泰雅族	
4400	--	約1910年代	-- / 日本葉書俱樂部印製	泰雅族	
4384	台灣生番參觀者在下志津原千代田岡休息的情形	約1910年代	日本下總四街道加藤自主館 / --	泰雅族	

《第二篇》　勇士與狩獵　　一、部落的守護者

藏品編號	原件題名中譯	印刷年代	發行者／印刷地點	推測族別	備註
4570	雅美族男女	約1930年代	--	達悟族	
4648	雅美族男性的外出服裝	約1930年代	大正／	達悟族	與上一張相較，似是同一時間所攝。
4184	紅頭嶼番人風俗	約1920年代	--	達悟族	紅頭嶼即今蘭嶼。
4274	馬蘭社番人練習拉弓	約1910年代	杉田書店／--	阿美族	馬蘭社在今台東市新生里。
4180	武裝的台東番人	約1910年代	台北藤倉書店／--	布農族	
4178	台東阿美族番人的武裝場所	約1910年代	台北藤倉書店／--	阿美族	
4167	台灣番人	約1910年代	--／日本印製	排灣族	
4556	台灣卑南族卑南社番丁	約1910年代	山田日進堂／--	卑南族	卑南社在今台東市南王里。
4581	巴武馬番 Kahiyan 社番人與盾牌	約1930年代	--／日本印製	排灣族	此圖係1905年五月森丑之助所拍，Kahiyan 社在今屏東縣泰武鄉
4788	台灣番人	約1920年代	--	鄒族	
4202	台灣武裝的布農番	約1920年代	台北赤岡兄弟商會／--	布農族	
4572	鄒族青年	約1930年代	--	鄒族	此人是鄒族特富野社(位在今嘉義縣阿里山鄉)頭目之子。
4225	台灣泰雅族生番男性	約1920年代	台北藤倉書店／日本印製	泰雅族	
4179	台灣 Taiyakan 社番人	約1920年代	台北新高堂／日本東京神田印製	泰雅族	Taiyakan 社在新竹縣尖石鄉秀巒村。
4165	泰雅族 Taiyafu 社番人	約1920年代	台北新高堂／--	泰雅族	Taiyaf 社在新竹縣尖石鄉玉峰村。
4534	武裝的Kinaji番	約1920年代	赤岡商會／--	泰雅族	Kinaji，指居住在大料崁溪上游，今新竹縣尖石鄉、五峰一帶的泰雅族人。
4193	台灣武裝的泰雅番	約1920年代	台北赤岡兄弟商會／--	泰雅族	
4191	台灣武裝的 Gaogan 番	約1920年代	台北新高堂／日本東京神田印製	泰雅族	Gaogan番，或譯為卡奧幹，文獻上寫作合歡群、高崗群，主要分布在桃園縣復興鄉。
4200	Marikowan番	約1920年代	台北赤岡兄弟商會／--	泰雅族	Marikowan 群指居住於新竹縣尖石鄉玉峰村、南投縣仁愛鄉力行村一帶的泰雅族人。
4164	台灣生番人	約1910年代	--	泰雅族	
4196	泰雅族番人	約1920年代	台北赤岡商會／--	泰雅族	
4778	泰雅族 Kuratsukas 社原住民	約1920年代	台北新高堂／--	泰雅族	
4226	Saksak 社 Aran 兄弟	約1930年代	台東小野寫真館／--	布農族	Saksak 社屬布農族郡社群，日治時期稱施武郡番。
4161	台灣生番	約1920年代	台北新高堂／日本神田印製	鄒族	
4466	生番人	約1910年代	澎湖島阪井商店／--	布農族	
4192	台灣生番 Tsualisen 族的狙擊	約1910年代	--／日本印製	魯凱族	
4194	生番人	約1920年代	澎湖島阪井書店／--	布農族	
4170	生番的風俗	約1920年代	--／日本印製	排灣族	
4175	太魯閣番人的射擊	約1930年代	生番屋／日本印製	排灣族	原題作太魯閣番，屬泰雅族，但依其服飾，可能是排灣族人。
4172	生番番丁的狙擊	約1930年代	鈴木勇進堂／日本印製	鄒族	

二、狩獵與漁撈

藏品編號	原件題名中譯	印刷年代	發行者／印刷地點	推測族別	備註
4166	右圖：台灣番人出獵的裝扮 左：番人少女的結婚裝	約1920年代	--	排灣族	
4230	里壠 Habi 社番人的出獵姿	約1930年代	台東小野寫真館／--	布農族	里壠 Habi 社屬布農族郡社群，在今台東縣關山鎮一帶。
4173	番人青年的狩獵	約1920年代	台北生番屋商店／--	泰雅族	
4590	出獵的風貌	約1920年代	--	鄒族	
4095	出獵(賽夏族)	約1920年代	台北騰山寫真館／在日本印製	賽夏族	賽夏族大隘社在今新竹縣五峰鄉大隘村。
4188	台灣Tabaho 社番人在出獵前集合	約1920年代	台北山一／在日本印製	泰雅族	泰雅族 Tabaho 社在新竹縣尖石鄉秀巒村。
4190	台灣Takatsukasu 社番人的出獵	約1920年代	--／在日本印製	泰雅族	
4586	出獵的風貌	約1920年代	--	泰雅族	
4204	番人獵豬	--	--	泰雅族	
4686	番人獵豬	約1920年代	埔里柯保安商會／--	泰雅族	
4097	在山裡獵到豬	約1920年代	台北騰山寫真館／在日本印製	布農族	圖中人物係布農族 Qanitoan 社(屬南投縣布農族巒社群)，他們正在分配獵到的山豬。
4744	台東廳番人漁獵風俗	約1920年代	台東街寶町林商店／在日本印製	卑南族	
4748	生番的風俗	約1920年代	--	排灣族	
4746	台灣阿美族番人捕魚	約1920年代	--	阿美族	
4577	鄒族達邦社番人從事漁業的山谷，有座橋是番人用竹子搭建	約1930年代	台北生番屋／在日本印製	鄒族	此圖應是1909年十月森丑之助所拍，達邦社在今嘉義縣阿里山鄉。
4611	日月潭邵族的Tetsupai (捕魚網)	約1920年代	--	邵族	

三、獵首者與頭骨架

藏品編號	原件題名中譯	印刷年代	發行者／印刷地點	推測族別	備註
4583	出草的風貌(鄒族)	約1920年代	--	鄒族	
4588	出草的風貌(排灣族)	約1920年代	--	排灣族	
4183	Marikowan番出草的情景	約1920年代	台北赤岡商會／--	泰雅族	Marikowan 群指居住於新竹縣尖石鄉玉峰村、南投縣仁愛鄉力行村一帶的泰雅族人。
4216	台灣生番人	約1910年代	--	布農族	
4214	生番人的首級	約1910年代	台北文明堂／--	布農族	
4208	台灣生番人	約1910年代	--／在日本印製	布農族	1904年八月森丑之助所拍，他指出，圖中被砍人首屬泰雅族霧社群。
4218	生番人取首祝盃儀式(將人頭取下後邀請親戚或好友飲酒)	約1910年代	--	布農族	
4704	台灣生番人奇習之一：首酒儀式	約1910年代	--	布農族	
4212	生番人首祭	約1910年代	台北文明堂	--	
4213	生番髑髏棚	約1910年代	--	泰雅族	圖片上蓋有「拓殖博覽會紀念」之戳記，此圖乃1903年2月人類學者森丑之助所攝，地點在台北縣的烏來社。

藏品編號	原件題名中譯	印刷年代	發行者 / 印刷地點	推測族別	備註
4130	--	--		排灣族	本張係照片
4219	阿猴Pairin社的首棚	約1910年代	藤倉書店 / 日本神田的Sekishindo印製	排灣族	森丑之助在1905年九月拍攝另一類似照片,地點、人物均同,但從側面拍攝。
4220	花蓮港廳下Troku大社頭目住家前的首棚	約1910年代	-- / 在日本印製	排灣族	原題謂是花蓮地區泰雅族的圖片,但森丑之助記載這處頭骨架是恆春上群大股頭人所有,恆春上群指的是恆春半島以排灣族內文 (Caqovqovolj) 社為首的社群。
4217	台灣生番人首棚	約1920年代	--	魯凱族	
4215	台灣生番首棚	約1910年代	-- / 在日本印製	排灣族	
4207	台灣花蓮港生番人首棚	約1910年代	-- / 在日本印製	--	
4209	生番的首棚	約1910年代	-- / 在日本印製	--	此圖與上圖的頭骨架應是相同的架子,只是拍攝的時間不同。

《第三篇》 交通與建築工藝　　一、拼板船與獨木舟

藏品編號	原件題名中譯	印刷年代	發行者 / 印刷地點	推測族別	備註
4609	雅美族的拼板船	約1920年代	台北生番屋本店 / --	達悟族	本圖係1911年八月佐佐木舜一所拍。
4292	番舟(雅美族)	約1920年代	台北騰山寫真館 / 在日本印製	達悟族	達悟族人捕魚完畢後,推船上岸的情景。
4294	台東廳紅頭嶼海岸	1906年以前	--	達悟族	紅頭嶼,今稱蘭嶼。
4289	台灣紅頭嶼的船	約1910年代	東京神田平尾製 / --	達悟族	
4029	左:番人搗粟、右:雅美族的獨木舟	約1920年代		排灣族/達悟族	
4718	日月潭番人與與圓木舟	約1920年代	--	邵族	與下一張相同,但為彩色圖像
4616	日月潭番人與與圓木舟	約1920年代	--	邵族	
4301	日月潭(距離南投約九里遠的山中湖)	約1920年代	-- / 在日本印製	邵族	
4300	日月潭的獨木舟	約1930年代	生番屋商店 / --	邵族	
4299	化番的圓木舟	約1920年代	新高郡	邵族	清代文獻稱邵族為水社化番,或簡稱化番。
4304	日月潭化番與圓木舟	約1930年代		邵族	
4307	日月潭的獨木舟	約1930年代	生番屋商店 / --	邵族	
4303	化番的獨木舟	約1920年代		邵族	
4306	日月潭與獨木舟	約1920年代	赤岡商會 / --	邵族	
4298	台灣日月潭(一名水社湖)	約1920年代	-- / 在日本印製	邵族	
4305	(日月潭)湖上的獨木舟	約1920年代	朝倉喜代松 / 在日本印製	邵族	
4302	日月潭獨木舟及頭目一家人	約1920年代	--	邵族	
4296	日月潭的獨木舟與鄒族邵番的男女	約1930年代	生番屋商店 / --	邵族	此圖為1915年一月森丑之助所拍。
4308	獨木舟	約1910年代	杉田商店 / 在日本印製	邵族	此圖可能是1902年一月森丑之助所拍。

二、傳統的搬運方式

藏品編號	原件題名中譯	印刷年代	發行者 / 印刷地點	推測族別	備註
4596	番婦	約1920年代	--	泰雅族	
4684	番婦從耕地回來	約1920年代	--	泰雅族	
4567	背著藤籠	約1930年代	大正 / --	泰雅族	
4685	番婦搬運糧食	約1920年代	--	泰雅族	
4147	搬運物品的台東生番人	約1910年代	藤倉書店 / --	布農族	此人戴著皮帽,穿著皮衣、皮披風,用前額頂著藤編的籃子,可能是布農族人。
4148	太魯閣番婦	約1910年代	-- / 在日本東京神田製造	泰雅族	
4624	達邦社交易所	約1920年代	--	鄒族	有「昭和七年九月十日阿里山登山紀念」戳記。達邦社在今嘉義縣阿里山鄉。
4280	太魯閣番婦	約1920年代	Katsuyama Photo Studio, Kyomachi, Taipeh (台北京町)發行 / 在日本印製	泰雅族	
4157	南番Batakans族搬運旅客及物品	約1920年代	台北新高堂 / 在日本東京神田印製	布農族	
4222	生番番丁搬運患者	約1910年代	鈴木勇進堂 / 在日本印製	鄒族	
4284	台東生番人	約1910年代	森脇日進堂 / --	排灣族	
4159	番人搬運樟腦鼎	約1910年代	杉田書店 / --	--	

三、住屋、穀倉及瞭望台

藏品編號	原件題名中譯	印刷年代	發行者 / 印刷地點	推測族別	備註
4104	石門番人收集建築用的木材	約1930年代	--	排灣族	石門位在今屏東縣牡丹鄉。
4625	番人公共勞動	約1920年代	--	鄒族	原住民們合作蓋屋的場景。有「昭和七年九月十日阿里山登山紀念戳記」。
4480	泰雅族屈尺番的番社	約1930年代	生蕃屋商店 / --	泰雅族	此圖係1903年二月森丑之助所攝,屈尺番指泰雅族的屈尺群,散居於新店溪上游烏來鄉一帶。
4287	泰雅族 Riyohen 社聚落	約1920年代	台北州 / --	泰雅族	此社在今宜蘭縣南澳鄉,社名或拼為 Leyohyen。
4739	烏來番屋	約1910年代	--	泰雅族	
4122	左圖:泰雅族的住屋家,右圖:排灣族美人	約1920年代	--	泰雅族 / 排灣族	
4450	屈尺番烏來社番人與家屋	約1930年代	生蕃屋 / 在日本印製	泰雅族	
4406	台灣生番	約1920年代	台北新高堂 / 在日本東京神田印製	泰雅族	
4458	台灣生番人家族五人與住家	約1910年代	--	泰雅族	此圖乃拓殖博覽會內的展覽建築
4410	台灣 Gaogan 番 Teiritsuku 番社	約1920年代	-- / 在日本印製	泰雅族	Teiritsuku 社,或作 Teirek,位在今桃園縣復興鄉。
4282	角板山番社	約1920年代	大正 / Wakayama印製	泰雅族	
4402	台灣 Gaogan 番地的 Ririn 社番人與竹屋	約1920年代	台北新高堂 / 在日本東京神田印製	泰雅族	
4107	泰雅族 Gaogan 群Taiyakan 番人	約1920年代	台北新高堂 / 在日本東京神田印製	泰雅族	Taiyakan 社在新竹縣尖石鄉秀巒村。
4796	角板山 Hapun社番屋	約1930年代	生蕃屋商店 / --	泰雅族	Hapun 社今稱合流,在桃園縣復興鄉。
4017	台灣角板山 Hapun社番屋	約1920年代	台北新高堂 / 在日本東京神田印製	泰雅族	
4071	原始的番人織布(在番屋內)	約1920年代	大正 / Wakayama印製	泰雅族	

藏品編號	原件題名中譯	印刷年代	發行者／印刷地點	推測族別	備註
4236	霧社Hogo社番社	約1920年代	-- ／日本大阪 K. Kuwada & co.印製	泰雅族	Hogo 社在今南投縣仁愛鄉，本張明信片有「大正十五年八月六日台灣霧社登山紀念」戳記
4090	霧社 Parlan 家屋	約1920年代	-- ／日本大阪 K. Kuwada & co.印製	泰雅族	Parlan 社在今南投縣仁愛鄉，今稱霧社。
4421	南部番人部落	約1920年代	赤岡商會 ／ --	泰雅族	原題作南部番人部落，不過觀其建築形式與人物服飾，似是泰雅族風格。
4608	泰雅族 Kulas 番屋	約1920年代	台北生蕃屋本店 ／ --	泰雅族	
4734	台灣生番泰雅族盛裝的番婦	約1910年代	-- ／在日本印製	泰雅族	
4731	左圖：番舍；右圖：番人	約1920年代	台灣藝術協會發行／東京圖案印刷株式會社製	泰雅族	
4419	南投泰雅族番人及番屋	約1920年代	南投商工會／台北市田寫真館謹製	泰雅族	實寄片，有大正九年二月二十二日郵戳。
4084	霧社Parlan社番屋與織布機	約1920年代	--	泰雅族	
4650	吹奏Robo (口簧琴)的泰雅族少女們	約1930年代		泰雅族	
4692	霧社番人的生活	約1920年代		泰雅族	有「大正十一年一月十六日台灣霧社登山紀念」郵戳
4093	織布的女性(泰雅族)	約1920年代	台北藤山寫真館／在日本印製	泰雅族	
4476	稍來坪社的改良番屋	約1930年代	生蕃屋商店 ／ --	泰雅族	稍來坪社在今台中縣和平鄉。
4795	烏來番社	約1920年代	台北生蕃屋本店 ／ --	泰雅族	
4085	Hakawan 社番人與穀倉	約1920年代	赤岡商會 ／ --	泰雅族	Hakawan 社在今桃園縣復興鄉光華村。
4086	角板山 Hapun 社番人	約1930年代	生蕃屋商店 ／ --	泰雅族	
4413	泰雅族角板山 Hapun 社的穀倉	約1930年代	生蕃屋商店 ／ --	泰雅族	
4644	生番人與住家	約1910年代	-- ／在日本印製	泰雅族	
4741	番人的貯藏庫	約1930年代	大正 ／ --	泰雅族	
4584	瞭望台	約1920年代	--	泰雅族	
4187	台灣番人的瞭望台	約1920年代	--	泰雅族	
4697	新竹州 Hakawan 社的瞭望台	約1920年代	台北新高堂 ／ --	泰雅族	Hakawan 社在今桃園縣復興鄉光華村。
4606	番人的瞭望台	約1920年代	台北生蕃屋本店 ／ --	泰雅族	本圖係南投 Kamchau 社。
4229	太魯閣生番人的瞭望台與村落	約1910年代	-- ／日本東京神田的 Sekisindo	泰雅族	太魯閣番主要分布於南投縣仁愛鄉、花蓮縣秀林鄉、萬榮鄉、卓溪鄉及吉安鄉。
4670	日月潭水社化番的部落	約1920年代	台北生蕃屋本店 ／ --	邵族	居住於日月潭畔，1930年代因日本人圍湖蓄水發電，遷移至今德化社居住。
4468	南投日月潭化番石印社	約1920年代	南投商工會／台北市田寫真館謹製	邵族	邵族石印社原居日月潭光華島東南側，1930年代日本人興築發電廠，被迫遷至今德化社。
4423	阿里山達邦社	約1920年代	--	鄒族	
4448	鄒族達邦社番人與住家	約1930年代	生蕃屋 ／在日本印製	鄒族	本圖為1914年十二月森丑之助所拍。
4197	達邦社會所	約1920年代	杉田書店 ／ --	鄒族	
4620	阿里山達邦社會所	約1920年代	--	鄒族	有「昭和七年九月十日阿里山登山紀念」戳記。
4427	Gantaban 族番人住家	約1930年代	生蕃屋 ／在日本印製	布農族	此張照片1906年二月森丑之助所攝，布農族 Gantaban (干卓萬)群分布於濁水溪上游。
4408	台灣璞石閣高山番 Bubunuru 社	約1920年代	台北新高堂／在日本東神田印製	布農族	
4114	南投廳布農族番人與家屋	約1920年代	南投商工會／台北市田寫真館謹製	布農族	
4424	Tsalisen 族番童與其家屋	約1910年代	森脇日進堂 ／ --	魯凱族	

藏品編號	原件題名中譯	印刷年代	發行者 / 印刷地點	推測族別	備註
4035	石門番人的集團家屋	約1920年代	四重溪的溫泉旅館「博陽館」/ --	排灣族	
4456	台灣生番人與家屋	--	--	阿美族	
4082	台灣生蕃排灣族的住家	約1920年代	--	排灣族	
4597	番屋	約1920年代	--	排灣族	
4403	(屏東)排灣族生番與番屋	約1930年代	--	排灣族	這是日本人在屏東公園內建築的排灣族家屋，以下七張圖像均是同一場景。
4143	屏東番屋	約1920年代	大正 / Wakayama印製	排灣族	
4145	屏東的番屋	約1920年代	大正 / Wakayama印製	排灣族	
4563	番地風俗	約1930年代	大正 / --	排灣族	
7864	番人的旅館(屏東公園的番屋)	約1930年代	大正 / --	排灣族	已獲得高雄要塞司令部許可，地帶模第五九號，昭和十四年五月八日
4121	(台灣屏東)番屋	約1930年代	-- / 在日本東京印製	排灣族	已獲得昭和十五年 (1940) 四月二十日高雄要塞司令部地帶寫第四十三號許可
4119	番屋	約1920年代	-- / Hinodo	排灣族	
4791	番社的聚會	約1930年代	台灣鐵道部 / --	排灣族	
4725	台灣生番排灣族卑南番少年集會所 (Toroban)	約1920年代	-- / 在日本印製	卑南族	
4411	排灣族 Kapiyan 社穀倉	約1930年代	--	排灣族	Kapiyan 社在今屏東縣泰武鄉佳平村。
4425	楊樹與平地番人的家屋	約1910年代	--	--	
4765	(台灣)紅頭嶼雅美族 Irararai 社聚落	約1930年代	-- / 在日本印製	達悟族	Irararai 社位在蘭嶼島北部海岸。

《參考書目》

專著

千千岩助太郎，《台灣高砂族の住家》，台北：南天書局，1960。

王嵩山，《阿里山鄒族的歷史與政治》，台北：稻鄉出版社，1990。

王嵩山，《當代台灣原住民的藝術》，台北：國立台灣藝術教育館，2001。

瓦歷斯‧諾幹撰稿，《泰雅影像紀錄展專輯》，豐原：台中縣立文化中心，1995。

日本順益台灣原住民研究會編，《伊能嘉矩收藏台灣原住民影像》，台北：順益台灣原住民博物館，1999。

台灣總督府臨時台灣舊慣調查會原著；中央研究院民族學研究所編譯，《番族慣習調查報告書 第一卷，泰雅族》，台北：中央
　　研究院民族學研究所，1996。

台灣總督府臨時台灣舊慣調查會原著；中央研究院民族學研究所編譯，《番族慣習調查報告書 第二卷，阿美族、卑南族》，台
　　北：中央研究院民族學研究所，2000。

台灣總督府臨時台灣舊慣調查會原著；中央研究院民族學研究所編譯，《番族慣習調查報告書 第三卷，賽夏族》，台北：中央
　　研究院民族學研究所，1998。

台灣總督府臨時台灣舊慣調查會原著；中央研究院民族學研究所編譯，《番族慣習調查報告書 第四卷，鄒族》，台北：中央研
　　究院民族學研究所，2001。

成田武司編，《台灣生蕃種族寫真帖：附理蕃實況》，台北：成田寫真製版所，1912。

阮昌銳，《台灣土著族的社會與文化》，台北：台灣省立博物館，1994。

阮昌銳等著，《文面、鯨首、泰雅文化：泰雅族文面文化展專輯》，台北：國立台灣博物館，1999。

李天送、李建國、翁立娃著，《阿媽的織布箱——布農的家》，台北：浩然基金會，2001。

李莎莉，《台灣原住民衣飾文化：傳統、意義、圖說》，台北，南天書局，1998。

林修澈，《台灣原住民史賽夏族史篇》，南投：台灣省文獻會，2000。

胡家瑜主編，《道卡斯新港社古文書》，台北市：台灣大學人類學系，1999。

馬騰嶽，《雅族文面圖譜》，台北：著者刊行，1998。

陳奇祿，《台灣排灣群諸族木彫標本圖錄》，台北：台灣大學考古人類學系，1961。

陳奇祿，《台灣土著文化研究》，台北：聯經出版公司，1992。

淺井惠倫、笠原政治、楊南郡等編，《台灣原住民族映像：淺井惠倫教授攝影集》，台北：南天書局，1995。

許木柱、廖守臣、吳明義撰稿，《台灣原住民史-阿美族史篇》，南投：台灣省文獻委員會，2001。

移川子之藏、馬淵東一、宮本延人等著，《台灣高砂族系統所屬の研究》，東京：凱風社，1988。

黑澤隆朝，《台灣高砂族の音樂》，東京：雄山閣，1973。

童春發等撰文，《高砂春秋：台灣原住民之文化藝術》，台北：立虹出版社，1996。

曾振名等著，《台大人類學系伊能藏品研究》，台北：國立台灣大學出版中心，1998。

森丑之助原著、楊南郡譯註，《生蕃行腳：森丑之助的台灣探險》，台北：遠流出版社，2000。

喬宗忞，《台灣原住民史魯凱族史篇》，南投市：台灣文獻委員會，2001。

湯淺浩史編，《瀨川孝吉台灣原住民族影像誌　鄒族篇》，台北：南天書局，2000。

鈴木秀夫編，《台灣蕃界展望》，台北：理蕃之友發行所，1935。

廖守臣，《泰雅族的社會組織》，花蓮：慈濟醫學暨人文社會學院，1998。

劉其偉編，《台灣土著文化藝術》，台北：雄獅圖書公司，1986。

鄧相揚，《邵族風采》，南投：交通部觀光局日月潭國家風景區管理處，2000。

戴嘉玲編譯，《 Formosa 原住民寫真 & 解説集》，台北：前衛出版社，2000。

謝世忠編著，《台灣原住民影像民族史：賽夏族》，台北：南天書局，2002。

藤島亥治郎著，詹慧玲編校，《台灣的建築》，台北：台原出版社，1993。

Arthur Hacker, Bob Davis, and Ian Buruma, Historic Postcards of Hong Kong, Hong Kong: Stock House Productions, 1989.

論文

何廷瑞，〈台灣土著諸族文身習俗之研究〉，《國立台灣大學考古人類學刊》，15/16卷。

張瑞德，〈想像中國—— 倫敦所見古董明信片的圖像分析〉，收於《二十世紀的中國與世界國際學術研討會論文集》(台北：中央研究院近代史研究所，2000)。

張旭宜，〈台灣原住民出草慣習與總督府的理蕃政策〉，國立台灣大學歷史學研究所碩士論文，1995，未刊。

葉神保，〈排灣族caqovoqovolj(內文)社群遷徙與族群關係的探討〉，國立東華大學族群關係與文化研究所碩士論文，2002，未刊。

鄭惠美，〈花蓮南勢阿美族服飾研究〉，輔仁大學織品服裝研究所碩士論文，1997，未刊。